Italienske Smagsoplevelser

En Kogebog fyldt med Solskin og Kærlighed

Sofia Bertolini

INDHOLD

Fettuccine med artiskokker 9

Fettuccine med tomatfilet 12

Fettuccine med tusind urter 14

stegte løg 17

Løg med balsamicoeddike 19

Rødløg Confit 20

Brændt gulerod og løg salat 22

Perleløg med honning og appelsin 24

Ærter med løg 26

Ærter med prosciutto og grønne løg 27

Søde ærter med salat og mynte 29

Påskeærtesalat 31

ristede peberfrugter 33

Brændt pebersalat 35

Brændt peberfrugt med løg og krydderurter 36

Brændt peberfrugt med tomater 38

Peberfrugt med balsamicoeddike 40

syltede peberfrugter 42

Paprika med mandler 44

Peberfrugt med tomater og løg 46

Fyldte peberfrugter 48

Fyldte peberfrugter i napolitansk stil 50

Fyldte peberfrugter, Ada Boni-stil 53

Brændt peberfrugt 55

Brændt peberfrugt med zucchini og mynte 57

Brændt peber og aubergine terrine 59

søde og sure kartofler 62

Kartofler med balsamicoeddike 64

venetianske kartofler 66

"Stegte kartofler 68

Stegte kartofler og peberfrugt 70

Kartoffelmos med persille og hvidløg 72

Nye kartofler med krydderurter og bacon 74

Kartofler med tomater og løg 76

Bagte kartofler med hvidløg og rosmarin 78

Bagte kartofler med svampe 80

Kartofler og blomkål, Basilicata-stil 82

Kartofler og kål i gryden 84

Kartoffel- og spinattærte 86

Napolitansk kartoffelkroket 89

Fars napolitanske kartoffeltærte 92

stegte tomater 95

dampede tomater 97

stegte tomater 98

Farro fyldte tomater 100

romerske fyldte tomater 102

Ristede tomater med balsamicoeddike 104

zucchini carpaccio 106

Zucchini med hvidløg og mynte 108

stegte zucchini 110

Prosciutto Zucchini 112

Zucchini med parmesan crumble 114

zucchinigratin 116

Zucchini fyldt med tun 118

stegt zucchini 121

Zucchini flan 123

Sød og sur vintersquash 126

ristede grøntsager 129

Ristede vinterrodfrugter 132

Sommer grøntsagsgryderet 134

Gryde grøntsagsgryde 137

Hjemmebagt brød 139

Urtebrød 141

Ostebrød i Marches stil 144

gylden majsrulle 147

Sort oliven brød 150

Stromboli brød 153

ostebrød med valnødder 156

tomatrulle 159

country brioche 162

Sardinsk musikalsk papirbrød 165

Rødløg fladt brød 168

Hvidvins fladbrød 171

Soltørret tomat fladbrød 174

Romersk kartoffelfladbrød 177

Grillet brød fra Emilia-Romagna 180

Brødstænger 183

fennikel ringe 186

Mandel og sort peber ringe 189

hjemmelavet pizza 192

pizzadej i napolitansk stil 195

Mozzarella, tomat og basilikum pizza 198

Tomat, hvidløg og oregano pizza 200

Vilde svampe pizza 202

calzones 205

Stegte ansjoser 208

Tomat- og osteskud 211

Fettuccine med artiskokker

Fettuccine med Carciofi

Giver 4-6 portioner

Om foråret dukker vogne fyldt med artiskokker op på friluftsmarkeder over hele Rom. Deres lange stængler og blade er stadig fastgjort, hvilket hjælper med at forhindre dem i at tørre ud. Romerske kokke ved, at stilken er lige så velsmagende som artiskokkens hjerte. Du skal bare skrælle dem og du kan koge dem sammen med artiskokkerne eller hakke dem til fyld.

3 mellemstore artiskokker

1 1/4 kop olivenolie

1 lille løg, hakket

1 1/4 kop hakket frisk persille

1 fed hvidløg, finthakket

Salt og friskkværnet sort peber efter smag.

1 1/2 kop tør hvidvin

1 pund frisk fettuccine

Ekstra jomfru oliven olie

1. Skær toppen af artiskokkerne af med en stor, skarp kniv. Skyl artiskokken under koldt vand, åbn bladene. Undgå de små pigge på de resterende spidser af bladene. Læn dig tilbage og klip alle de mørkegrønne blade af, indtil du når den lysegule kegle af unge blade i midten af artiskokken. Pil den hårde ydre hud omkring bunden og stilken af. Lad stilkene være fastgjort til bunden; skær stilkenderne af. Skær artiskokkerne i halve på langs, skrab de behårede ud med en ske. Skær artiskokken på langs i tynde skiver.

2. Hæld olien i en gryde, der er stor nok til at rumme den kogte pasta. Tilsæt løg, persille og hvidløg og steg ved middel varme, indtil løget er gyldenbrunt, cirka 15 minutter.

3. Tilsæt artiskokskiver, vin samt salt og peber efter smag. Dæk til og kog indtil artiskokkerne er møre, når de gennembores med en gaffel, cirka 10 minutter.

4. Kog mindst 4 liter vand. Tilsæt 2 spsk salt, derefter pastaen. Bland godt. Kog ved høj varme under ofte omrøring, indtil

pastaen er al dente, blød, men fast til bid. Dræn pastaen, gem lidt af kogevandet. Kom pastaen i gryden med artiskokkerne.

5. Tilsæt et skvæt ekstra jomfruolivenolie og lidt af det reserverede kogevand, hvis pastaen virker tør. Bland godt. Server straks.

Fettuccine med tomatfilet

Fettuccine med Filetto di Pomodoro

Giver 4-6 portioner

Strimler af flåede, modne tomater, der er blevet kogt, indtil de er bløde, er vidunderlige med frisk fettuccine. Tomater bevarer deres friske, søde smag i denne milde sauce.

4 spiseskefulde usaltet smør

1 1/4 kop finthakket løg

1 pund blommetomater, skrællet, frøet og skåret i 1/2-tommers strimler

6 friske basilikumblade

Salt efter smag

1 pund frisk fettuccine

Friskrevet Parmigiano-Reggiano

1. I en stor stegepande opvarmes 3 spsk smør over medium-lav varme, indtil det er smeltet. Tilsæt løget og steg indtil det er gyldent brunt, cirka 10 minutter.

2. Tilsæt tomatfilet, basilikumblade og et par knivspidser salt. Kog til tomaterne er bløde, cirka 5-10 minutter.

3. Kog mindst 4 liter vand. Tilsæt 2 spsk salt, derefter pastaen. Bland godt. Kog ved høj varme under ofte omrøring, indtil pastaen er al dente, blød, men fast til bid. Dræn pastaen, gem lidt af kogevandet.

4. Tilsæt fettuccine til gryden sammen med den resterende spiseskefuld smør. Bland godt. Tilsæt lidt af kogevandet, hvis pastaen virker tør. Server straks med ost.

Fettuccine med tusind urter

Fettuccine alle Mille Erbe

Giver 4-6 portioner

Dette er en af mine yndlings sommerpastaer, jeg kan godt lide at lave den når krydderurterne blomstrer i min have og tomaterne er helt modne. Opskriften kommer fra restauranten og kroen Locanda dell'Amorosa i Sinalunga, Toscana. Der brugte de stracci, der betyder "ragged", en pappardelle-lignende pastaform skåret med en ribbet pastaskive, så kanterne er ujævne. Fettuccine er en god erstatning.

Saucen kræver en del hakning, men meget kan laves inden servering. Udskift ikke tørrede krydderurter med friske. Smagen ville være for aggressiv i denne pasta. Jo flere typer urter du bruger, jo mere kompleks bliver smagen, men selvom du ikke bruger alle de nævnte typer, vil den stadig være lækker.

$1\frac{1}{4}$ kop hakket italiensk persille

$1\frac{1}{4}$ kop hakket frisk basilikum

$1\frac{1}{4}$ kop hakket frisk estragon

2 spsk hakket frisk mynte

2 spsk hakket frisk merian

2 spsk hakket frisk timian

8 friske salvieblade, hakket

1 kvist frisk rosmarin, hakket

1/3 kop ekstra jomfru olivenolie

Salt og friskkværnet sort peber

1 pund frisk fettuccine

1 1/2 kop friskrevet Pecorino Romano

2 mellemmodne tomater, pillede, udkernede og hakkede

1. I en skål, der er stor nok til at rumme alle ingredienserne, blandes krydderurter, olivenolie og salt og peber efter smag. Hvis du lægger det til side, ignorerer du det.

2. Kog mindst 4 liter vand. Tilsæt 2 spsk salt, derefter pastaen, bland godt. Kog ved høj varme under ofte omrøring, indtil

pastaen er al dente, blød, men fast til bid. Dræn pastaen, gem lidt af kogevandet.

3. Tilsæt pastaen til skålen med urteblandingen og bland godt. Tilsæt osten og bland igen. Drys tomaterne over pastaen og server med det samme.

stegte løg

Cipolle al Forno

Giver 4-8 portioner

Dette løg bliver blødt og sødt, når det koges; prøv dem med roastbeef.

4 mellemstore hvide eller røde løg, pillede

1/2 kop tørre brødkrummer

1/4 kop friskrevet Parmigiano-Reggiano eller Pecorino Romano

2 spsk olivenolie

Salt og friskkværnet sort peber

1. Bring en mellemstor gryde vand i kog. Tilsæt løget og reducer varmen for at bringe vandet i kog. Kog i 5 minutter. Lad løget køle af i vandet i gryden. Dræn løget og halver det på kryds og tværs.

2. Sæt en rist i midten af ovnen. Forvarm ovnen til 350°F. Smør en bageplade, der er stor nok til at holde løgene i ét lag. Læg

løgene med snitsiden opad i gryden. Bland brødkrummer, ost og olivenolie i en lille skål og tilsæt salt og peber efter smag. Læg brødkrummerne ovenpå løget.

3. Steg i 1 time, eller indtil løgene er gyldenbrune og møre, når de stikkes med en kniv. Serveres varm eller ved stuetemperatur.

Løg med balsamicoeddike

Cipolle al Balsamico

Giver 6 portioner

Balsamico-eddiken komplementerer rødløgets søde smag og farve. De passer godt til flæskesteg eller koteletter.

6 mellemstore rødløg

6 spiseskefulde ekstra jomfru olivenolie

3 spiseskefulde balsamicoeddike

Salt og friskkværnet sort peber

1. Sæt en rist i midten af ovnen. Forvarm ovnen til 375°F. Beklæd en bageplade med alufolie.

2. Vask løget, men skræl det ikke. Læg løgene i den forberedte gryde. Bag løget i 1-1 1/2 time, indtil det er blødt, når det er gennemboret med en kniv.

3. Skær rodenderne af løget og fjern skindet. Skær løget i kvarte og kom det i en skål. Tilsæt olie, eddike, salt og peber efter smag og bland. Serveres varm eller ved stuetemperatur.

Rødløg Confit

Confettura di Cipolle Rosse

Giver omkring 1 pint

Tropea, på den calabriske kyst, er kendt for sine søde rødløg. Selvom rødløg er mere krydret i USA, kan du stadig lave denne lækre marmelade, som vi spiste på Locanda di Alia i Castrovillari. Marmeladen blev serveret med stegte gyldne sardiner, men den er også god til grillet kylling eller svinekoteletter. Jeg kan også godt lide det som en smagsgiver med krydret ost, såsom lagret pecorino.

En version af marmeladen indeholder hakket frisk mynte. Sørg for at bruge en tykbundet pande og hold den ved en meget lav temperatur for at forhindre, at løgene klæber. Tilsæt lidt vand, hvis de tørrer for hurtigt.

1 1/4 kilo rødløg, hakket

1 kop tør rødvin

1 tsk salt

2 spsk usaltet smør

1 spsk balsamicoeddike

1 eller 2 spiseskefulde honning

Cirka 1 spsk sukker

1. Kombiner løg, rødvin og salt i en mellemtung stegepande over medium varme. Bring i kog og reducer varmen. Dæk til og kog under omrøring ofte i 1 time og 15 minutter, eller indtil løget er meget blødt. Løget vil være let gennemskinnelig.

2. Tilsæt smør, balsamico og en spiseskefuld honning og sukker. Kog uden låg, under jævnlig omrøring, indtil al væsken er fordampet, og blandingen er meget tyk.

3. Lad det køle lidt af. Server ved stuetemperatur eller let lunt. Denne holder sig i køleskabet i op til en måned. For at genopvarme, læg confiteret i en lille skål over en gryde med kogende vand eller opvarm i mikrobølgeovnen.

Brændt gulerod og løg salat

Salata di Cipolla e Barbabietola

Giver 6 portioner

Hvis du aldrig har fået friske rødbeder, der er i sæson, bør du prøve dem. De er ekstremt søde og smagfulde, når de er unge og møre. Køb dem om sommeren og efteråret, når de er bedst. Når de bliver ældre, bliver de træagtige og smagløse.

6 rødbeder, skåret og skrællet

2 store løg, pillede

6 spiseskefulde olivenolie

2 spsk rødvinseddike

Salt og friskkværnet sort peber

6 friske basilikumblade

1. Sæt en rist i midten af ovnen. Forvarm ovnen til 400°F. Gnid rødbederne og pak dem tæt ind i en stor alufolie. Læg pakken på en bageplade.

2. Skær løget i små stykker. Læg i en bageplade og bland med 2 spsk olivenolie.

3. Stil rødbedestakken og løgpanden side om side i ovnen. Steg i 1 time eller indtil rødbederne er møre, når de stikkes med en kniv, og løgene er gyldenbrune.

4. Lad rødbeden køle af. Skræl skindet og skær rødbederne i skiver.

5. I en stor skål, smid rødbeder og løg med 1/4 kop olivenolie, eddike og salt og peber efter smag. Drys med basilikum og server straks.

Perleløg med honning og appelsin

Cipolline parfume all'Arancia

Giver 8 portioner

Søde og sure perleløg smagt til med honning, appelsin og eddike passer godt til festlig kalkun eller kapon, stegt flæsk eller skiver salumi som forret. Du kan forberede den på forhånd, men den skal varmes forsigtigt op inden servering.

2 kilo perleløg

1 navle orange

2 spsk usaltet smør

1 1/4 kop honning

1 1/4 kop hvidvinseddike

Salt og friskkværnet sort peber

1. Kog en stor gryde vand. Tilsæt løget og steg i 3 minutter. Dræn og afkøl under rindende vand. Brug en skarp skærekniv til at barbere spidsen af rodenderne af. Skær ikke enden for

dybt, ellers falder løget fra hinanden under tilberedningen. Tag skindet af.

2. Fjern appelsinskallen med en grøntsagsskræller med et roterende blad. Stabel skrælstrimlerne oven på hinanden og skær dem i tynde stænger. Pres saften fra appelsinen. Hvis du lægger det til side, ignorerer du det.

3. Smelt smørret i en stor gryde ved middel varme. Tilsæt løgene og steg i 30 minutter eller indtil de er let brune, ryst gryden af og til for at forhindre dem i at klæbe.

4. Tilsæt appelsinjuice, skal, honning, eddike og salt og peber efter smag. Reducer varmen til lav og kog i 10 minutter, vend løgene ofte, indtil de er gennemboret med en kniv og belagt med saucen. Lad det køle lidt af. Serveres varm.

Ærter med løg

Piselli med Cipolla

Giver 4 portioner

Lidt vand i gryden hjælper løgene med at blive bløde og bløde uden at brune. Løgets sødme forstærker smagen af ærterne.

2 spsk olivenolie

1 mellemstor løg, finthakket

4 spiseskefulde vand

2 kopper friske afskallede ærter eller 1 (10-ounce) pakke frosne ærter

en knivspids tørret oregano

Salt

1. Hæld olien i en mellemstor gryde. Tilsæt løg og 2 spsk vand. Kog, omrør ofte, indtil løget er meget blødt, cirka 15 minutter.

2. Tilsæt ærterne, de resterende 2 spsk vand, oregano og salt. Dæk til og kog indtil ærterne er møre, 5 til 10 minutter.

Ærter med prosciutto og grønne løg

Piselli al Prosciutto

Giver 4 portioner

Disse ærter er gode til lammekoteletter eller lammesteg.

3 spiseskefulde usaltet smør

4 grønne løg finthakket og skåret i tynde skiver

2 kopper friske afskallede ærter eller 1 (10-ounce) pakke frosne ærter

1 tsk sukker

Salt

4 tynde skiver importeret italiensk prosciutto, skåret på kryds og tværs i tynde strimler

1. Smelt 2 spiseskefulde smør i en mellemstor stegepande. Tilsæt grønne løg og steg i 1 minut.

2. Tilsæt ærter, sukker og salt efter smag. Tilsæt 2 spsk vand og dæk gryden. Lad det simre til ærterne er møre, 5-10 minutter.

3.Tilsæt prosciutto og den resterende spiseskefuld smør. Kog i yderligere 1 minut og server varm.

Søde ærter med salat og mynte

Piselli alla mynte

Giver 4 portioner

Selv frosne ærter smager friskplukkede, når de tilberedes på denne måde. Salaten er let sprød og mynten giver den en frisk, lys smag.

2 spsk usaltet smør

1/4 kop løg, meget fint hakket

2 kopper friske afskallede ærter eller 1 (10-ounce) pakke frosne ærter

1 kop hakket salat

12 mynteblade, skåret i tern

Salt og friskkværnet sort peber

1. Smelt smørret i en medium gryde ved middel varme. Tilsæt løget og steg indtil det er blødt og gyldent, cirka 10 minutter.

2. Tilsæt ærter, salat og mynteblade og smag til med salt og peber. Tilsæt 2 spsk vand og dæk gryden. Kog i 5-10 minutter eller indtil ærterne er møre. Serveres varm.

Påskeærtesalat

påske salat

Giver 4 portioner

I 1950'erne var Romeo Salta en af de bedste italienske restauranter i New York. Det skilte sig ud, fordi det var meget klassisk og serverede norditaliensk mad på et tidspunkt, hvor de fleste kun kendte til familierestauranter, der serverede sydlig rød sauce. Ejeren, Romeo Salta, lærte restaurantbranchen på luksuskrydstogtskibe, som på det tidspunkt var den bedste træningsplads for restaurantpersonalet. Denne salat dukkede op på menuen omkring påske, da friske ærter blev rigeligt. Den originale opskrift indeholdt ansjoser, selvom jeg foretrækker salaten uden dem. Nogle gange tilføjer jeg hakket schweizerost eller lignende ost til skinken.

2 1/2 kop friske afskallede ærter eller 1 (10-ounce) pakke frosne ærter

Salt

1 kogt æggeblomme

¹1/4 kop olivenolie

¹1/4 kop citronsaft

friskkværnet sort peber

2 ounce skåret importeret italiensk prosciutto, skåret på tværs i tynde strimler

1. Til friske eller frosne ærter bringes en mellemstor gryde vand i kog. Tilsæt ærter og salt efter smag. Kog indtil ærterne er møre, cirka 3 minutter. Dræn ærterne. Afkøl dem under rindende koldt vand. Tør ærterne.

2. Bræk æggeblommen i en skål med en gaffel. Bland olie, citronsaft og salt og peber efter smag. Tilsæt ærterne og bland forsigtigt. Tilsæt prosciutto-strimlerne og server med det samme.

ristede peberfrugter

Pepperoni Arrostiti

Giver 8 portioner

Brændt peberfrugt er godt i salater, omeletter og sandwich. De fryser også godt, så du kan lave et parti om sommeren, når der er rigeligt med peberfrugter, og have dem til et vintermåltid.

8 store røde, gule eller grønne peberfrugter

1. Dæk bakken med aluminiumsfolie. Placer panden omkring 3 inches væk fra varmekilden. Læg hele peberfrugten i gryden. Tænd for grillen til høj varme. Grill peberfrugter, vend ofte med en tang, i cirka 15 minutter, eller indtil huden er blæret og forkullet. Læg peberfrugterne i en skål. Dæk med aluminiumsfolie og lad det køle af.

2. Skær peberfrugten i halve og dræn saften i en skål. Skræl skindet og kassér frø og stilke.

3. Skær peberfrugterne på langs i 1-tommers strimler og læg dem i en skål. Si saften over peberfrugterne.

4. Serveres ved stuetemperatur eller opbevares i køleskabet og serveres koldt. Peberfrugt holder sig i 3 dage i køleskabet eller 3 måneder i fryseren.

Brændt pebersalat

Insalata di Pepperoni Arrostiti

Giver 8 portioner

Server disse peberfrugter som en del af et antipasto-udvalg, som tilbehør til tun eller grillet svinekød, eller som en antipasto med frisk mozzarella i skiver.

1 opskrift (8 peberfrugter) ristede peberfrugter

1/3 kop ekstra jomfru olivenolie

4 basilikumblade i tern

2 fed hvidløg, skåret i tynde skiver

Salt og friskkværnet sort peber

> Tilbered eventuelt paprikaen. Vend paprikaen med olie, basilikum og hvidløg og tilsæt salt og peber efter smag. Lad stå i 1 time før servering.

Brændt peberfrugt med løg og krydderurter

Peperoni Arrostiti med Cipolla

Giver 4 portioner

Server disse peberfrugter varme eller ved stuetemperatur. De er også en god topping til crostini.

1/2 opskriftristede peberfrugter; brug rød eller gul peberfrugt

1 mellemstor rødløg, halveret og skåret i tynde skiver

En knivspids kværnet rød peber

2 spsk olivenolie

Salt

1 1/2 tsk tørret oregano, smuldret

2 spsk hakket frisk persille

1. Forbered om nødvendigt peberfrugterne i trin 3. Dræn derefter peberfrugterne og skær dem på langs i 1/2-tommers strimler.

2. I en mellemstor gryde koges løget med den knuste røde peber i olien ved middel varme, indtil løget er blødt og gyldent, cirka 10 minutter. Tilsæt paprika, oregano og salt efter smag. Kog, under omrøring lejlighedsvis, indtil det er opvarmet, cirka 5 minutter. Tilsæt persillen og kog i yderligere 1 minut. Serveres varm eller ved stuetemperatur.

Brændt peberfrugt med tomater

Pepperoni i ovnen

Giver 4 portioner

I denne opskrift fra Abruzzo giver friske, ikke for varme chilipeber peberfrugten smag. Du kan erstatte knust rød peberfrugt eller lidt tørret chili. Denne peber er god til sandwich.

2 store røde peberfrugter

2 store gule peberfrugter

1 chili, såsom jalapeno, frøet og hakket

3 spiseskefulde olivenolie

Salt

2 fed hakket hvidløg

2 mellemstore tomater, skrællede, udkernede og hakkede

1. Sæt en rist i midten af ovnen. Forvarm ovnen til 400°F. Smør en stor bageplade. Læg peberfrugterne på et skærebræt. Hold stilken i den ene hånd, og placer kanten af en stor, tung

kokkekniv lige bag kanten af låget. Skære af. Drej peberfrugten 90° og skær den i skiver igen. Gentag, vend og skær de resterende to sider. Kassér hjerte, frø og stilk, som bliver i ét stykke. Skær hinden af og skrab frøene ud.

2. Skær peberfrugter på langs i 1-tommers strimler. Kom chilien i gryden. Tilsæt olie og salt efter smag og bland godt. Fordel peberfrugterne i gryden.

3. Bag peberfrugterne i 25 minutter. Tilsæt hvidløg og tomater og bland godt. Bag i yderligere 20 minutter, eller indtil peberfrugterne er møre, når de stikkes igennem med en kniv. Serveres varm.

Peberfrugt med balsamicoeddike

Balsamico Pepperoni

Giver 6 portioner

Balsamicoeddikens sødme supplerer paprikaens sødme. Serveres varm med svine- eller lammeribs, eller ved stuetemperatur med kold kylling eller flæskesteg.

6 store røde peberfrugter

1 1/4 kop olivenolie

Salt og friskkværnet sort peber

2 spsk balsamicoeddike

1. Sæt en rist i midten af ovnen. Forvarm ovnen til 400 F. Placer peberfrugterne på et skærebræt. Hold stilken i den ene hånd, og placer kanten af en stor, tung kokkekniv lige bag kanten af låget. Skære af. Drej peberfrugten 90° og skær den i skiver igen. Gentag, vend og skær de resterende to sider. Kassér hjerte, frø og stilk, som bliver i ét stykke. Skær hinden af og skrab frøene ud.

2. Skær peberfrugterne i 1-tommers strimler. Læg dem i en stor lav pande med olie, salt og peber. Bland godt. Bag peberfrugterne i 30 minutter.

3. Tilsæt eddike. Bag peberfrugterne i yderligere 20 minutter eller til de er bløde. Serveres varm eller ved stuetemperatur.

syltede peberfrugter

Pepperoni Sott'Aceto

Giver 2 pints

Farverige syltede peberfrugter er lækre til sandwich eller pålæg. Det kan laves af disseMolise-stil paprika sauce.

2 store røde peberfrugter

2 store gule peberfrugter

Salt

2 kopper hvidvinseddike

2 kopper vand

En knivspids kværnet rød peber

1. Læg peberfrugterne på et skærebræt. Hold stilken i den ene hånd, og placer kanten af en stor, tung kokkekniv lige bag kanten af låget. Skære af. Drej peberfrugten 90° og skær den i skiver igen. Gentag, vend og skær de resterende to sider. Kassér hjerte, frø og stilk, som bliver i ét stykke. Skær hinden af og skrab frøene ud. Skær peberfrugter på langs i 1-tommers

strimler. Læg peberfrugterne i et dørslag på en tallerken og drys med salt. Lad det dryppe af i 1 time.

2. I en ikke-reaktiv gryde kombineres eddike, vand og knust rød peber. Lad os koge det. Fjern fra varmen og lad afkøle lidt.

3. Skyl peberfrugterne under koldt vand og dup dem tørre. Pak peberfrugterne i 2 steriliserede halvlitersglas. Tilsæt den afkølede eddikeblanding og forsegl. Lad stå et køligt, mørkt sted i 1 uge før brug.

Paprika med mandler

Pepperoni alle Mandorle

Giver 4 portioner

En gammel ven af min mor, hvis familie kom fra Ischia, en lille ø i Napoli-bugten, gav hende denne opskrift. Han kunne godt lide at servere det til frokost på skiver italiensk brød bagt gyldenbrunt i olivenolie.

2 røde og 2 gule peberfrugter

1 fed hvidløg, let knust

3 spiseskefulde olivenolie

2 mellemstore tomater, skrællede, udkernede og hakkede

1 1/4 kop vand

2 spsk kapers

4 finthakkede ansjosfileter

4 ounces ristede mandler, groft hakkede

1. Læg peberfrugterne på et skærebræt. Hold stilken i den ene hånd, og placer kanten af en stor, tung kokkekniv lige bag kanten af låget. Skære af. Drej peberfrugten 90° og skær den i skiver igen. Gentag, vend og skær de resterende to sider. Kassér hjerte, frø og stilk, som bliver i ét stykke. Skær hinden af og skrab frøene ud.

2. I en stor gryde koges hvidløget i olien ved middel varme, pres hvidløget med bagsiden af en ske eller to. Når de er let brunet, ca. 4 minutter, kasseres hvidløget.

3. Tilsæt paprikaen i gryden. Kog, omrør ofte, indtil de er møre, cirka 15 minutter.

4. Tilsæt tomater og vand. Kog indtil saucen tykner, cirka 15 minutter.

5. Tilsæt kapers, ansjoser og mandler. Prøv saltet. Kog i yderligere 2 minutter. Lad den køle lidt af inden servering.

Peberfrugt med tomater og løg

Peperonata

Giver 4 portioner

Hver region ser ud til at have sin egen version af peperonata. Nogle tilføjer kapers, oliven, krydderurter eller ansjoser. Server som tilbehør eller som sauce til flæskesteg eller grillet fisk.

4 røde eller gule peberfrugter (eller en blanding)

2 mellemstore løg, skåret i tynde skiver

3 spiseskefulde olivenolie

3 store tomater, pillede, udkernede og hakkede groft

1 fed hvidløg, finthakket

Salt

1. Læg peberfrugterne på et skærebræt. Hold stilken i den ene hånd, og placer kanten af en stor, tung kokkekniv lige bag kanten af låget. Skære af. Drej peberfrugten 90° og skær den i skiver igen. Gentag, vend og skær de resterende to sider. Kassér hjerte, frø og stilk, som bliver i ét stykke. Skær hinden

af og skrab frøene ud. Skær peberfrugterne i 1/4-tommers strimler.

2. Steg løget i olivenolie i en stor pande ved middel varme, indtil det er blødt og gyldenbrunt, cirka 10 minutter. Tilsæt peberstrimlerne og kog i yderligere 10 minutter.

3. Tilsæt tomater, hvidløg og salt efter smag. Dæk til og kog i 20 minutter, eller indtil peberfrugterne er møre, når de gennembores med en kniv. Hvis der er meget væske tilbage, dæk til og kog indtil saucen tykner og reducerer. Serveres varm eller ved stuetemperatur.

Fyldte peberfrugter

Pepperoni Ripieni

Giver 4-8 portioner

Min bedstemor lavede altid disse peberfrugter om sommeren. Jeg bagte dem i en stor sort pande om morgenen, og ved frokosttid havde de den helt rigtige temperatur til at servere med skiveskåret brød.

1 1/4 kop tørre, naturlige rasp fra italiensk eller fransk brød

1/3 kop friskrevet Pecorino Romano eller Parmigiano-Reggiano

1 1/4 kop hakket frisk persille

1 fed hvidløg, finthakket

Salt og friskkværnet sort peber

Cirka 1/2 kop olivenolie

8 lange, lysegrønne italienske peberfrugter til stegning

3 kopper skrællede, frøede og skåret friske tomater eller 1 (28-ounce) dåse knuste tomater

6 friske basilikumblade skåret i tern

1. Bland rasp, ost, persille og hvidløg i en skål og smag til med salt og peber. Tilsæt 3 spiseskefulde olie, eller nok til at fugte krummerne jævnt.

2. Skær toppen af peberfrugten af og skrab kernerne ud. Hæld brødkrummeblandingen over peberfrugterne, så der er omkring 1 tomme plads på toppen. Undlad at overfylde peberfrugterne, ellers vælter fyldet ud under bagningen.

3. I en stor stegepande opvarmes 1/4 kop olie over middel varme, indtil et stykke peber begynder at syde i gryden. Tilsæt forsigtigt paprikaen med en tang. Bag dem til de er gyldenbrune på alle sider i cirka 20 minutter, vend af og til med en tang.

4. Hæld tomater og basilikum rundt om peberfrugterne, tilsæt salt og peber efter smag. Lad os koge det. Kog tildækket, vend peberfrugterne en eller to gange, indtil de er meget bløde, cirka 15 minutter. Hvis saucen er for tør tilsættes lidt vand. Dæk til og kog indtil saucen tykner, cirka 5 minutter mere. Serveres lun eller ved stuetemperatur.

Fyldte peberfrugter i napolitansk stil

Pepperoni alla Nonna

Giver 6 portioner

Hvis sicilianerne har utallige måder at tilberede aubergine på, har napolitanerne den samme kreativitet med peberfrugter. Dette er en anden typisk napolitansk opskrift lavet af min bedstemor.

2 mellemstore auberginer (ca. 1 pund hver)

6 store røde, gule eller grønne peberfrugter, skåret i 1/2-tommers strimler

1/2 kop plus 3 spsk olivenolie

3 mellemstore tomater, pillede, udkernede og hakkede

3/4 kop udstenede, udstenede, bløde olietørrede sorte oliven, såsom Gaeta

6 ansjosfileter skåret i små stykker

3 spsk kapers, skyl og afdryp

1 stort fed hvidløg, pillet og hakket

3 spsk hakket frisk persille

friskkværnet sort peber

1/2 kop plus 1 spsk brødkrummer

1. Skær auberginen og skær i 3/4-tommers tern. Læg stykkerne i et dørslag, og drys hvert lag med salt. Læg filteret på en tallerken og lad det dryppe af i 1 time. Skyl auberginen og dup den tør med et køkkenrulle.

2. Opvarm 1/2 kop olie i en stor stegepande ved middel varme. Tilsæt aubergine og kog under omrøring af og til, indtil de er møre, cirka 10 minutter.

3. Tilsæt tomater, oliven, ansjoser, kapers, hvidløg, persille og peber efter smag. Bring det i kog ved svag varme, og kog derefter i yderligere 5 minutter. Tilsæt 1/2 kop rasp og tag af varmen.

4. Sæt en rist i midten af ovnen. Forvarm ovnen til 450°F. Smør en bageplade, der er stor nok til at holde peberfrugterne lodret.

5. Skær stilken af peberfrugten, fjern frøene og den hvide hinde. Fyld peberfrugterne med aubergineblandingen. Læg peberfrugterne i den forberedte gryde. Drys med de resterende 1 spsk brødkrummer og dryp med de resterende 3 spsk olie.

6. Hæld 1 kop vand rundt om peberfrugterne. Bages i 1 time og 15 minutter, eller indtil peberfrugterne er meget bløde og let brunede. Serveres varm eller ved stuetemperatur.

Fyldte peberfrugter, Ada Boni-stil

Pepperoni Ripieni alla Ada Boni

Giver 4-8 portioner

Ada Boni var en berømt italiensk madskribent og forfatter til adskillige kogebøger. Hans regionale italienske madlavning er en klassiker og en af de første bøger om emnet, der blev oversat til engelsk. Denne opskrift er fra Sicilien-kapitlet.

4 mellemrøde eller gule peberfrugter

1 kop ristet brødkrummer

4 spiseskefulde rosiner

1 1/2 kop udstenede, udstenede, bløde sorte oliven

6 finthakkede ansjosfileter

2 spsk hakket frisk basilikum

2 spsk kapers, skyllet, drænet og hakket

1/4 kop plus 2 spsk olivenolie

1 kopSiciliansk tomatsauce

1. Sæt en rist i midten af ovnen. Forvarm ovnen til 375°F. Smør en 13 x 9 x 2-tommers bageform.

2. Brug en stor, tung kokkekniv til at skære peberfrugten i halve på langs. Skær stilken, frøene og det hvide skind af.

3. I en stor skål kombineres brødkrummer, rosiner, oliven, ansjoser, basilikum, kapers og 1/4 kop olie. Smag til og juster krydringen. (Salt er sandsynligvis unødvendigt.)

4. Hæld blandingen i peberfrugthalvdelene. Dæk med saucen. Bages i 50 minutter, eller indtil peberfrugterne er meget bløde, når de stikkes igennem med en kniv. Serveres varm eller ved stuetemperatur.

Brændt peberfrugt

Pepperoni Fritti

Giver 6-8 portioner

Sprøde og søde, disse er svære at modstå. Server med tortillas eller andet kogt kød.

4 store røde eller gule peberfrugter

1 1/2 kop universalmel

Salt

1. Læg peberfrugterne på et skærebræt. Hold stilken i den ene hånd, og placer kanten af en stor, tung kokkekniv lige bag kanten af låget. Skære af. Drej peberfrugten 90° og skær den i skiver igen. Gentag, vend og skær de resterende to sider. Kassér hjerte, frø og stilk, som bliver i ét stykke. Skær hinden af og skrab frøene ud. Skær peberfrugterne i 1/4-tommers strimler.

2. Opvarm omkring 2 tommer olie i en dyb stegepande, indtil temperaturen når 375 ° F på et frituretermometer.

3. Beklæd en bakke med køkkenrulle. Kom melet i en lav skål. Rul peberstrimlerne i melet og ryst det overskydende af.

4. Tilsæt peberstrimlerne lidt efter lidt til den varme olie. Bages indtil de er gyldenbrune og møre, cirka 4 minutter. Afdryp på køkkenrulle. Bag resten på samme måde, i omgange. Drys med salt og server med det samme.

Brændt peberfrugt med zucchini og mynte

Pepperoni og zucchini i Padellaen

Giver 6 portioner

Jo længere den sidder, jo bedre smager den, så lav den tidligere på dagen for at servere den til et senere måltid.

1 rød peberfrugt

1 gul peberfrugt

2 spsk olivenolie

4 mindre zucchini, skåret i 1⁄4-tommers skiver

Salt

2 spsk hvidvinseddike

2 fed hvidløg, meget fint hakket

2 spsk hakket frisk mynte

1 1/2 tsk tørret oregano

En knivspids kværnet rød peber

1. Læg peberfrugterne på et skærebræt. Hold stilken i den ene hånd, og placer kanten af en stor, tung kokkekniv lige bag kanten af låget. Skære af. Drej peberfrugten 90° og skær den i skiver igen. Gentag, vend og skær de resterende to sider. Kassér hjerte, frø og stilk, som bliver i ét stykke. Skær hinden af og skrab frøene ud. Skær peberfrugterne i 1-tommers strimler.

2. Varm olien op i en stor stegepande ved middel varme. Tilsæt paprikaen og kog under omrøring i 10 minutter.

3. Tilsæt zucchini og salt efter smag. Kog under omrøring ofte, indtil zucchinien er mør, cirka 15 minutter.

4. Mens grøntsagerne koger, blandes eddike, hvidløg, krydderurter, rød peber og salt efter smag i en mellemstor skål.

5. Tilsæt peberfrugt og zucchini. Lad stå til grøntsagerne er ved stuetemperatur. Smag til og juster krydringen.

Brændt peber og aubergine terrine

Pepperoni og Melanzane format

Giver 8-12 portioner

Dette er en usædvanlig og smuk terrine lagdelt med peberfrugter, aubergine og aromater. Efter afkøling gelerer saften af peberfrugten lidt og holder terrinen sammen. Server som forret eller tilbehør til grillet kød.

4 storerød peber, ristet og skrællet

2 store auberginer (ca. 1 1/2 pund hver)

Salt

Olivenolie

1 1/2 kop hakkede friske basilikumblade

4 store fed hvidløg, pillede, udkernede og hakkede

1 1/4 kop rødvinseddike

friskkværnet sort peber

1. Tilbered eventuelt paprikaen. Skær auberginen og skær den på langs i 1/4 tomme tykke skiver. Læg skiverne i et dørslag, drys hvert lag med salt. Lad det sidde i mindst 30 minutter.

2. Forvarm ovnen til 450°F. Smør to store gelatineforme med olie.

3. Skyl aubergineskiverne i koldt vand og dup dem tørre med køkkenrulle. Læg auberginen i et enkelt lag i formene. Pensl med olie. Bag auberginen i cirka 10 minutter, indtil toppen er let gyldenbrun. Vend stykkerne med en tang og bag i yderligere 10 minutter, eller til de er møre og let brunede.

4. Dræn peberfrugterne og skær dem i 1-tommers strimler.

5. Beklæd en 8 x 4 x 3-tommer brødform med plastfolie. Læg et lag aubergineskiver på bunden af gryden, som overlapper lidt. Læg de ristede peberfrugter oven på auberginen. Drys med lidt basilikum, hvidløg, eddike, olie samt salt og peber efter smag. Fortsæt med at lægge lag, og pres hvert lag fast, indtil alle ingredienser er brugt. Dæk med plastfolie og afvej indholdet med en anden pande fyldt med tunge forme. Stil på køl i mindst 24 timer eller op til 3 dage.

6. Til servering skal du dække terrinen og vende den på en tallerken. Fjern forsigtigt plastfolien. Skær terrinen i tykke skiver. Serveres koldt eller ved stuetemperatur.

søde og sure kartofler

Kartofler i Agrodolce

Giver 6-8 portioner

Dette er en kartoffelsalat i siciliansk stil serveret ved stuetemperatur med grillede ribben, kylling eller pølse.

2 kilo universalkartofler, såsom Yukon Gold

1 løg

2 spsk olivenolie

1 kop udstenede bløde sorte oliven såsom Gaeta

2 spsk kapers

Salt og friskkværnet sort peber

2 spsk hvidvinseddike

2 spsk sukker

1. Skrub kartoflerne med en pensel under koldt rindende vand. Skræl dem, hvis du har lyst. Skær kartoflerne i halve eller

kvarte, hvis de er store. I en stor pande steges løget i olie, indtil det er blødt og gyldenbrunt, cirka 10 minutter.

2. Tilsæt kartofler, oliven, kapers og salt og peber efter smag. Tilsæt 1 kop vand og bring det i kog. Kog i 15 minutter.

3. Bland eddike og sukker i en lille skål og hæld i gryden. Fortsæt med at koge indtil kartoflerne er møre, cirka 5 minutter. Fjern fra varmen og lad køle helt af. Server ved stuetemperatur.

Kartofler med balsamicoeddike

Kartofler med balsamico

Giver 6 portioner

Disse kartofler er smagt til med rødløg og balsamicoeddike. De er også gode ved stuetemperatur.

2 kilo universalkartofler, såsom Yukon Gold

2 spsk olivenolie

1 stort rødløg, finthakket

2 spsk vand

Salt og friskkværnet sort peber

2 spsk balsamicoeddike

1. Skrub kartoflerne med en pensel under koldt rindende vand. Skræl dem, hvis du har lyst. Skær kartoflerne i halve eller kvarte, hvis de er store.

2. Varm olien op i en mellemstor stegepande over medium varme. Tilsæt kartofler, løg, vand og salt og peber efter smag.

Dæk gryden til og reducer varmen til lav. Kog i 20 minutter eller indtil kartoflerne er møre.

3. Dæk gryden til og tilsæt eddike. Kog indtil det meste af væsken er fordampet, cirka 5 minutter. Serveres varm eller ved stuetemperatur.

venetianske kartofler

Patate alla Veneziana

Giver 4 portioner

Selvom jeg bruger Yukon Gold kartofler til de fleste måltider, er der mange andre gode varianter tilgængelige, især på landmændsmarkeder, og de tilføjer variation til kartoffelretter. Finske gule kartofler er gode til stegning og bagning, og russiske røde kartofler er gode til salater. Selvom det ser mærkeligt ud, kan blå kartofler også være meget godt.

1 1/4 pund universalkartofler, såsom Yukon Gold

2 spsk usaltet smør

1 spsk olivenolie

1 mellemstor rødløg finthakket

Salt og friskkværnet sort peber

2 spsk hakket frisk persille

1. Skrub kartoflerne med en pensel under koldt rindende vand. Skræl dem, hvis du har lyst. Skær kartoflerne i halve eller kvarte, hvis de er store. Smelt smørret med olien i en stor gryde ved middel varme. Tilsæt løget og steg indtil det er blødt, cirka 5 minutter.

2. Tilsæt kartoflerne samt salt og peber efter smag. Dæk gryden til og kog under omrøring af og til i cirka 20 minutter, eller indtil kartoflerne er møre.

3. Tilsæt persillen og bland godt. Serveres varm.

"Stegte kartofler

hoppe spark

Giver 4 portioner

Når du bestiller pommes frites på en italiensk restaurant, er dette, hvad du får. Kartoflerne bliver let sprøde udenpå og bløde og cremede indeni. De kaldes "hoppede" kartofler, fordi de ofte skal røres eller smides i gryden.

1 1/4 pund universalkartofler, såsom Yukon Gold

1 1/4 kop olivenolie

Salt og friskkværnet sort peber

1. Skrub kartoflerne med en pensel under koldt rindende vand. Skræl kartoflerne. Skær dem i 1-tommers stykker.

2. Hæld olie i en 9-tommer stegepande. Stil gryden over medium-høj varme, indtil olien er meget varm og et stykke kartoffel syder, når den tilsættes.

3. Tør kartoflerne godt med køkkenrulle. Tilsæt kartoflerne i den varme olie og kog i 2 minutter. Vend kartoflerne og kog i

yderligere 2 minutter. Fortsæt med at lave mad, og vend kartoflerne hvert 2. minut eller indtil de er let brunede på alle sider, cirka 10 minutter i alt.

4. Tilsæt salt og peber efter smag. Dæk gryden og kog, vend af og til, indtil kartoflerne er møre, når de stikkes igennem med en kniv, cirka 5 minutter. Server straks.

Variation: Hvidløg og urtekartofler: I trin 4 tilsættes 2 fed hvidløg, hakket, og en spiseskefuld hakket frisk rosmarin eller salvie.

Stegte kartofler og peberfrugt

Kartofler og Pepperoni i Padella

Giver 6 portioner

Peberfrugt, hvidløg og røde peberfrugter giver smag til denne velsmagende røre.

1 1/4 pund universalkartofler, såsom Yukon Gold

4 spiseskefulde olivenolie

2 store røde eller gule peberfrugter, skåret i 1-tommers stykker

Salt

¹1/4 kop hakket frisk persille

2 store fed hvidløg

En knivspids kværnet rød peber

1. Skrub kartoflerne med en pensel under koldt rindende vand. Skræl kartoflerne og skær dem i 1-tommers stykker.

2. Opvarm 2 spsk olie i en stor stegepande over medium varme. Tør kartoflerne godt af med et køkkenrulle, og læg dem derefter i bagepladen. Kog under omrøring af og til, indtil kartoflerne lige er begyndt at brune, cirka 10 minutter. Drys med salt. Dæk gryden til og kog i 10 minutter.

3. Mens kartoflerne koger, opvarmes de resterende 2 spsk olie i en separat gryde over medium varme. Tilsæt peberfrugt og salt efter smag. Kog under omrøring af og til, indtil peberfrugterne er næsten møre, cirka 10 minutter.

4. Rør kartoflerne i, og tilsæt derefter peberfrugten. Tilsæt persille, hvidløg og knust rød peber. Kog til kartoflerne er møre, cirka 5 minutter. Serveres varm.

Kartoffelmos med persille og hvidløg

Kartoffel Schiacciate all'Aglio e Prezzemolo

Giver 4 portioner

Kartoffelmos behandles italiensk med persille, hvidløg og olivenolie. Hvis du kan lide dine kartofler krydrede, så tilsæt et stort nip knust rød peber.

1 1/4 pund universalkartofler, såsom Yukon Gold

Salt

1 1/4 kop olivenolie

1 stort fed hvidløg, finthakket

1 spsk hakket frisk persille

friskkværnet sort peber

1. Skrub kartoflerne med en pensel under koldt rindende vand. Skræl kartoflerne og skær dem i kvarte. Læg kartoflerne i en mellemstor gryde, dæk med koldt vand og salt efter smag. Dæk til og lad det simre. Kog i 15 minutter eller indtil

kartoflerne er møre, når de stikkes igennem med en kniv. Dræn kartoflerne, behold lidt vand.

2.Tør gryden, hvori kartoflerne blev kogt. Tilsæt 2 spsk olie og hvidløg og kog over medium varme, indtil hvidløget er duftende, cirka 1 minut. Tilsæt kartofler og persille i gryden. Mos kartoflerne med en moser eller gaffel, bland det godt sammen med hvidløg og persille. Tilsæt den resterende olie, salt og peber efter smag. Tilsæt eventuelt lidt af kogevandet. Server straks.

Variation: Olivenkartoffelmos: Lige før servering tilsættes 2 spsk hakkede sorte eller grønne oliven.

Nye kartofler med krydderurter og bacon

Patatine alle Erbe Aromatiche

Giver 4 portioner

Nye kartofler er lækre, når de tilberedes på denne måde. (Nye kartofler er ikke en sort. Enhver frisk opgravet, tyndskallet kartoffel kan kaldes en ny kartoffel.) Hvis nye kartofler ikke er tilgængelige, skal du bruge universalkartofler.

1 1/4 pund små nye kartofler

2 ounce bacon i skiver, skåret i tern

1 mellemstor rødløg finthakket

2 spsk olivenolie

1 fed hvidløg, finthakket

6 friske basilikumblade skåret i tern

1 tsk hakket frisk rosmarin

1 laurbærblad

Salt og friskkværnet sort peber

1. Skrub kartoflerne med en pensel under koldt rindende vand. Skræl dem, hvis du har lyst. Skær kartoflerne i 1-tommers terninger.

2. Kombiner pancetta, løg og olivenolie i en stor stegepande. Kog over medium varme, indtil de er møre, cirka 5 minutter.

3. Tilsæt kartoflerne og kog i 10 minutter under omrøring af og til.

4. Tilsæt hvidløg, basilikum, rosmarin og laurbærblade og smag til med salt og peber. Dæk gryden til og kog i yderligere 20 minutter under omrøring af og til, indtil kartoflerne er møre, når de stikkes igennem med en gaffel. Tilsæt lidt vand, hvis kartoflerne begynder at brune for hurtigt.

5. Fjern laurbærbladet og server varmt.

Kartofler med tomater og løg

Kartoffel alla Pizzaiola

Giver 6-8 portioner.

Stegte kartofler med pizzasmag er typiske i Napoli og andre dele af Syden.

2 kilo universalkartofler, såsom Yukon Gold

2 store tomater, pillede, udkernede og hakkede

2 mellemstore løg, skåret i skiver

1 fed hvidløg, finthakket

1 1/2 tsk tørret oregano

1 1/4 kop olivenolie

Salt og friskkværnet sort peber

1. Forvarm ovnen til 450° F. Skrub kartoflerne med en pensel under koldt rindende vand. Skræl dem, hvis du har lyst. Skær kartoflerne i 1-tommers terninger. Bland kartofler, tomater, løg, hvidløg, oregano, olie og salt og peber i en gryde, der er

stor nok til at passe ingredienserne i ét lag. Fordel ingredienserne jævnt i gryden.

2.Sæt en rist i midten af ovnen. Grill grøntsager under omrøring 2-3 gange i 1 time eller indtil kartoflerne er kogte. Serveres varm.

Bagte kartofler med hvidløg og rosmarin

Stegt kartoffel

Giver 4 portioner

Jeg kan aldrig få nok af disse sprøde hash browns. Ingen kan modstå dem. Tricket til at lave det er at bruge en stor nok pande, så kartoffelstykkerne knap rører ved og ikke hober sig op. Hvis bageformen ikke er stor nok, skal du bruge en 15 x 10 x 1 tommer gelémuffinform eller bruge to mindre pander.

2 kilo universalkartofler, såsom Yukon Gold

1 1/4 kop olivenolie

1 spsk hakket frisk rosmarin

Salt og friskkværnet sort peber

2 fed hvidløg, finthakket

1. Sæt en rist i midten af ovnen. Forvarm ovnen til 400° F. Skrub kartoflerne med en pensel under koldt rindende vand. Skræl dem, hvis du har lyst. Skær kartoflerne i 1-tommers terninger. Tør kartoflerne med køkkenrulle. Læg dem i en bageplade,

der er stor nok til at holde kartoflerne i et enkelt lag. Dryp med olie, drys med rosmarin, salt og peber efter smag. Fordel kartoflerne jævnt.

2. Grill kartoflerne i 45 minutter under omrøring hvert 15. minut. Tilsæt hvidløg og kog i yderligere 15 minutter eller indtil kartoflerne er møre. Serveres varm.

Bagte kartofler med svampe

Patate og Funghi al Ovn

Giver 6 portioner

Når kartoflerne steges i samme pande, får de aromaer af svampe og hvidløg.

1 1/2 pund universalkartofler, såsom Yukon Gold

1 kilo svampe, evt. skåret i halve eller kvarte, hvis de er store

1 1/4 kop olivenolie

2-3 fed hvidløg, skåret i tynde skiver

Salt og friskkværnet sort peber

2 spsk hakket frisk persille

1. Sæt en rist i midten af ovnen. Forvarm ovnen til 400° F. Skrub kartoflerne med en pensel under koldt rindende vand. Skræl dem, hvis du har lyst. Skær kartoflerne i 1-tommers terninger. Læg kartoflerne og svampene i et stort ovnfast fad. Vend grøntsagerne med olie, hvidløg og et godt nip salt og peber.

2.Grill grøntsagerne i 15 minutter. Bortskaf dem godt. Bages i yderligere 30 minutter, under omrøring af og til, eller indtil kartoflerne er møre. Drys med hakket persille og server varm.

Kartofler og blomkål, Basilicata-stil

Kartofler og Cavolfiore al Ovn

Giver 4-6

Smid en gryde med kartofler og blomkål i ovnen sammen med noget svinekød eller kylling til en god søndagsmiddag. Grøntsagerne skal være sprøde og gyldne rundt om kanterne, og deres smag forstærkes af duften af oregano.

1 lille blomkål

1 1/4 kop olivenolie

3 mellemstore kartofler til alle formål, såsom Yukon guld i kvarte

1 1/2 tsk tørret oregano, smuldret

Salt og friskkværnet sort peber

1. Skær blomkål i 2-tommers buketter. Skær enderne af stilkene af. Skær tykke stilke på kryds og tværs i 1/4-tommers skiver.

2. Sæt en rist i midten af ovnen. Forvarm ovnen til 400 ° F. Hæld olie i en 13 x 9 x 2-tommers bageform. Tilsæt grøntsagerne og

bland godt. Drys med oregano og smag til med salt og peber. Bland igen.

3.Bag i 45 minutter eller indtil grøntsagerne er møre og gyldenbrune. Serveres varm.

Kartofler og kål i gryden

Patate og Cavolo i Tegame

Giver 4-6 portioner

Der er variationer af denne ret over hele Italien. I Friuli tilsættes røget pancetta til gryden sammen med løget. Jeg kan godt lide den simple version af Basilicata. Løgets lyserøde komplementerer de cremede hvide kartofler og grønkål. Kartoflerne bliver så grødede, at de ligner kartoffelmos, når kålen er blød.

3 spiseskefulde olivenolie

1 mellemstor rødløg finthakket

1 1/2 mellemstor kål, i tynde skiver (ca. 4 kopper)

3 mellemstore all-purpose kartofler, såsom Yukon Gold, skrællet og skåret i små stykker

1 1/2 kop vand

Salt og friskkværnet sort peber

1. Hæld olien i en stor gryde. Tilsæt løget og kog over medium varme, omrør ofte, indtil det er blødt, cirka 5 minutter.

2. Tilsæt kål, kartofler, vand, salt og peber efter smag. Dæk til og kog under omrøring af og til i 30 minutter, eller indtil grøntsagerne er møre. Tilsæt lidt mere vand, hvis grøntsagerne begynder at hænge sammen. Serveres varm.

Kartoffel- og spinattærte

Torta di Patate e Spinaci

Giver 8 portioner

Da jeg havde denne lagdelte grøntsagskage i Rom, blev den lavet med radicchio i stedet for spinat. Roman radicchio ligner unge mælkebøtter eller moden rucola. Spinat er en god erstatning for radicchio. For den bedste smag, lad denne ret afkøle lidt før servering.

2 kilo universalkartofler, såsom Yukon Gold

Salt

4 spiseskefulde usaltet smør

1 lille løg, meget fint hakket

1 1/2 pund spinat, radicchio, mælkebøtte eller chard, hakket

1 1/2 kop vand

1 1/2 kop varm mælk

1 kop friskrevet Parmigiano-Reggiano

friskkværnet sort peber

1 spsk brødkrummer

1. Skrub kartoflerne med en pensel under koldt rindende vand. Skræl kartoflerne og læg dem i en mellemstor gryde med koldt vand til at dække. Tilsæt salt og dæk gryden til. Bring i kog og kog i cirka 20 minutter eller indtil kartoflerne er møre.

2. Smelt 2 spsk smør i en lille gryde ved middel varme. Tilsæt løget og steg, rør ofte, indtil løget er blødt og gyldent.

3. Kom spinaten i en stor gryde med 1/2 dl vand og salt efter smag. Dæk til og kog indtil de er møre, cirka 5 minutter. Filtrer godt og pres overskydende væske ud. Skær spinaten på et bræt.

4. Kom spinaten i gryden og bland sammen med løget.

5. Når kartoflerne er bløde, drænes de og moses. Tilsæt de resterende 2 spsk smør og mælken. Tilsæt 3/4 kop ost og bland godt. Tilsæt salt og peber efter smag.

6. Sæt en rist i midten af ovnen. Forvarm ovnen til 375°F.

7. Smør generøst en 9-tommers bradepande. Fordel halvdelen af kartoflerne på tallerkenen. Lav et andet lag af al spinaten. Læg de resterende kartofler ovenpå. Drys med resterende 1/4 kop ost og rasp.

8. Bages i 45-50 minutter eller indtil toppen er gyldenbrun. Lad stå i 15 minutter før servering.

Napolitansk kartoffelkroket

Panzerotti eller Crocche

omkring 24 år siden

I Napoli har pizzeriaer opstillet fortovsstandere, hvor de sælger denne velsmagende kartoffelmos i sprød brødkrummebelægning, så forbipasserende nemt kan spise dem til frokost eller en snack. Dette er dog min mormors opskrift. Vi spiste hash browns året rundt til ferier og festligheder, normalt med roastbeef.

2 1/2 pund universalkartofler, såsom Yukon Gold

3 store æg

1 kop friskrevet Pecorino Romano eller Parmigiano-Reggiano

2 spsk hakket frisk persille

1/4 kop hakket salami (ca. 2 ounces)

Salt og friskkværnet sort peber

2 kopper tørre brødkrummer

Vegetabilsk olie til stegning

1. Skrub kartoflerne med en pensel under koldt rindende vand. Læg kartoflerne i en stor gryde med koldt vand til at dække. Dæk gryden til og bring vandet i kog. Kog over medium varme, indtil kartoflerne er møre, når de gennembores med en gaffel, cirka 20 minutter. Dræn kartoflerne og lad dem køle lidt af. Skræl kartoflerne. Læg dem i en stor skål og mos til de er glatte med en moser eller gaffel.

2. Adskil æggene, kom blommerne i en lille skål og hviderne på en flad tallerken. Fordel brødkrummerne på et stykke vokspapir.

3. Tilsæt æggeblomme, ost, persille og salami til kartoffelmosen. Tilsæt salt og peber efter smag.

4. Form cirka 1/4 kop af kartoffelblandingen til pølser, der er cirka 1 tomme brede og 21,5 inches lange. Gentag med de resterende kartofler.

5. Pisk hviderne med et piskeris eller en gaffel til det skum. Dyp kartoffelringene i proteinet, og rul dem derefter i krummerne, så de er helt dækket. Læg træstykkerne på en rist og lad dem tørre i 15-30 minutter.

6. Hæld cirka 1/2 tomme olie i en stor, tung stegepande. Varm op ved middel varme, indtil æggehviderne er let kogt i olien. Læg forsigtigt et par træstykker i gryden, og lad lidt mellemrum være mellem dem. Bages i cirka 10 minutter, vend lejlighedsvis, indtil ensartet brunet. Læg den brunede kroket på et køkkenrulle til afdrypning.

7. Server straks eller hold kroketten varm i en lav ovn, mens du tilbereder resten.

Fars napolitanske kartoffeltærte

Gatto'

Giver 6-8 portioner

Gatto' kommer fra det franske ord gate, som betyder "tærte". Afledningen får mig til at tro, at denne opskrift blev populær af fransk-uddannede monzu, kokke, der lavede mad til aristokraterne i det napolitanske hof.

Vi kaldte det kartoffelkage, og havde vi ikke kartoffelkroketter til vores søndagsmiddag, spiste vi denne kartoffelret, som var min fars specialitet.

2 1/2 pund universalkartofler, såsom Yukon Gold

Salt

1/4 kop tørre brødkrummer

4 spsk (1/2 stav) usaltet smør, blødgjort

1 kop varm mælk

1 kop plus 2 spsk friskrevet Parmigiano-Reggiano

1 stort æg, pisket

1/4 tsk frisk revet muskatnød

Salt og friskkværnet sort peber

8 ounce frisk mozzarella, strimlet

4 ounces importeret italiensk salami eller prosciutto, i tern

1. Skrub kartoflerne med en pensel under koldt rindende vand. Læg kartoflerne i en stor gryde med koldt vand til at dække. Tilsæt salt efter smag. Dæk gryden til og bring vandet i kog. Kog over medium varme, indtil kartoflerne er møre, når de gennembores med en gaffel, cirka 20 minutter. Dræn og lad afkøle lidt.

2. Sæt en rist i midten af ovnen. Forvarm ovnen til 400°F. Smør et 2 liters bradefad. Drys med brødkrummerne.

3. Skræl kartoflerne, kom dem i en stor skål og mos dem med en gaffel eller moser. Tilsæt 3 spsk smør, mælk, 1 kop Parmigiano, æg, muskatnød og salt og peber efter smag. Tilsæt mozzarella og salami.

4. Fordel blandingen jævnt i det tilberedte fad. Drys med den resterende Parmigiano. Smør med den resterende 1 spsk smør.

5. Bages i 35-45 minutter eller indtil toppen er gyldenbrun. Lad stå i kort tid ved stuetemperatur inden servering.

stegte tomater

Pomodori i Padella

Giver 6-8 portioner

Server som tilbehør til grillet eller stegt kød, eller ved stuetemperatur, strimlet på ristet brød som forret.

8 blommetomater

1 1/4 kop olivenolie

2 fed hvidløg, finthakket

2 spsk hakket frisk basilikum

Salt og friskkværnet sort peber

1. Vask tomaterne og tør dem. Brug en lille kniv til at skære rundt om stilken på hver tomat og fjern den. Skær tomaterne i halve på langs.

2. I en stor gryde varmes olien op med hvidløg og basilikum ved middel varme. Tilsæt tomathalvdelene med snitsiden nedad. Tilsæt salt og peber. Kog indtil tomaterne er gyldenbrune og

bløde, cirka 10 minutter. Serveres varm eller ved stuetemperatur.

dampede tomater

Dampet Pomodori

Giver 4 portioner

Her bliver de små søde tomater kogt i deres egen saft. Server som tilbehør til kød eller fisk, eller top en frittata. Hvis tomaterne ikke er søde nok, så tilsæt et nip sukker under bagningen.

1 pint cherry- eller vindruetomater

2 spsk ekstra jomfru olivenolie

Salt

6 basilikumblade, stablet og skåret i tynde strimler

1. Vask tomaterne og tør dem. Skær dem i halve i stilkenden. Bland tomater, olie og salt i en lille gryde. Dæk gryden til og sæt den på lav varme. Kog i 10 minutter, eller indtil tomaterne er bløde, men holder formen.

2. Tilsæt basilikum. Serveres varm eller ved stuetemperatur.

stegte tomater

Pomodori al Forno

Giver 8 portioner

En brødkrummebelægning krydrer disse tomater. De er gode til grillet fisk og de fleste æggeretter.

8 blommetomater

1 kop brødkrummer

4 ansjosfileter, hakket

2 spsk kapers, skyl og afdryp

1 1/2 kop friskrevet Pecorino Romano

1 1/2 tsk tørret oregano

3 spiseskefulde olivenolie

Salt og friskkværnet sort peber

1. Skyl og tør tomaterne. Skær tomaterne i halve på langs. Brug en lille ske til at øse frøene i en finmasket si over en skål for at

opsamle saften. Rist brødkrummerne i en stor pande ved middel varme, omrør ofte, indtil duftende og ikke brunet, cirka 5 minutter. Fjern fra varmen og lad afkøle lidt.

2. Sæt en rist i midten af ovnen. Forvarm ovnen til 400°F. Smør en stor bageplade. Læg tomatskallerne med snitsiden opad i gryden.

3. Tilsæt brødkrummer, ansjoser, kapers, ost, oregano, salt og peber sammen med tomatsaften. Tilsæt 2 spsk olivenolie. Fyld blandingen med skindet af tomaterne. Dryp med den resterende spiseskefuld olie.

4. Bag i 40 minutter eller indtil tomaterne er bløde og crumblen er gyldenbrun. Serveres varm.

Farro fyldte tomater

Pomodori Ripieni

Giver 4 portioner

Farro, et gammelt korn, der er populært i Italien, blandet med ost og løg er et fremragende fyld til tomater. Sådan noget var der på L'Angolo Divino, en vinbar i Rom.

1 kop semi-perle farro (eller bulgur eller hvede erstatning)

Salt

4 store runde tomater

1 lille løg, hakket

2 spsk olivenolie

1/4 kop revet Pecorino Romano eller Parmigiano-Reggiano

friskkværnet sort peber

1. Bring 4 kopper vand i kog i en mellemstor gryde. Tilsæt farro og salt efter smag. Kog indtil farroen er mør, men stadig sej, cirka 30 minutter. Dræn farroen og kom den i en skål.

2. I en lille gryde steges løget i olien ved middel varme, indtil det er gyldenbrunt, i cirka 10 minutter.

3. Sæt en rist i midten af ovnen. Forvarm ovnen til 350°F. Smør en lille bageplade, der er stor nok til at rumme tomaterne.

4. Skyl og tør tomaterne. Skær en 1/2 tomme tyk skive af toppen af hver tomat og stil til side. Brug en lille ske til at tage tomaternes indre ud og læg frugtkødet i en finmasket si over en skål. Læg skindet af tomaterne i gryden.

5. Tilsæt den siede tomatvæske, stegte løg og ost til skålen med farroen, og tilsæt salt og peber efter smag. Hæld blandingen i skindet af tomaterne. Dæk tomaterne med den reserverede top.

6. Bag i 20 minutter eller indtil tomaterne er bløde. Serveres varm eller ved stuetemperatur.

romerske fyldte tomater

Pomodori Ripieni alla Romana

Giver 6 portioner

Dette er en klassisk romersk ret, der normalt spises ved stuetemperatur som første ret.

3 1/4 kop mellemkornet ris, såsom Arborio, Carnaroli eller Vialone Nano

Salt

6 store runde tomater

4 spiseskefulde olivenolie

3 ansjosfileter, hakket

1 lille fed hvidløg, finthakket

1 1/4 kop hakket frisk basilikum

1/4 kop friskrevet Parmigiano-Reggiano

1. Kog 1 liter vand ved høj varme. Tilsæt risene og 1 tsk salt. Reducer varmen til lav og lad det simre i 10 minutter, eller indtil risene er delvist kogte, men stadig meget faste. Dræn godt af. Læg risene i en stor skål.

2. Sæt en rist i midten af ovnen. Forvarm ovnen til 350°F. Smør en bageplade, der er stor nok til at passe til tomaterne.

3. Skær en 1/2-tommer skive af toppen af tomaten og stil til side. Brug en lille ske til at tage tomaternes indre ud og læg frugtkødet i en finmasket si over en skål. Læg skindet af tomaterne i gryden.

4. Tilsæt den filtrerede tomatvæske og olie, ansjoser, hvidløg, basilikum, ost og salt efter smag i risskålen. Bland godt. Hæld blandingen i skindet af tomaterne. Dæk tomaterne med den reserverede top.

5. Bages i 20 minutter eller indtil risene er møre. Serveres varm eller ved stuetemperatur.

Ristede tomater med balsamicoeddike

Pomodori balsamico

Giver 6 portioner

Balsamicoeddike forstærker smagen af grøntsager på en næsten magisk måde. Prøv denne enkle ret og server den som forret eller til kød.

8 blommetomater

2 spsk olivenolie

1 spsk balsamicoeddike

Salt og friskkværnet sort peber

1. Sæt en rist i midten af ovnen. Forvarm ovnen til 375°F. Smør en bageplade, der er stor nok til at passe tomaterne i ét lag.

2. Vask tomaterne og tør dem. Skær tomaterne i halve på langs. Skrab tomatkernerne ud. Læg tomathalvdelene med snitsiden opad i gryden. Drys med olie og eddike, og drys derefter med salt og peber.

3. Bag tomaterne i 45 minutter eller til de er bløde. Server ved stuetemperatur.

zucchini carpaccio

Carpaccio i Giallo e Verde

Giver 4 portioner

Jeg havde først en enklere version af denne forfriskende salat hjemme hos nogle toscanske vinproducenter. Gennem årene har jeg pyntet den med en kombination af gul og grøn zucchini og tilsætning af frisk mynte.

2-3 små zucchini, gerne en blanding af gul og grøn

3 spiseskefulde frisk citronsaft

1/3 kop ekstra jomfru olivenolie

Salt og friskkværnet sort peber

2 spsk finthakket frisk mynte

Cirka 2 ounce Parmigiano-Reggiano, 1 stk

1. Skrub zucchinien med en pensel under koldt rindende vand. Trim enderne.

2. Skær zucchinien i meget tynde skiver i en foodprocessor eller mandolinskærer. Læg skiverne i en mellemstor skål.

3. I en lille skål blandes citronsaft, olivenolie og salt og peber efter smag, indtil det er blandet. Tilsæt mynten. Drys med zucchini og bland godt. Fordel skiverne i et lavt fad.

4. Barber parmigianoen i tynde skiver med en grøntsagsskræller. Fordel skiverne over zucchinien. Server straks.

Zucchini med hvidløg og mynte

zucchini scapece

Giver 8 portioner

Zucchini eller andre squash, auberginer og gulerødder kan laves til syndebukke i stil med "Apicius", en tidlig romersk madforfatter. Grøntsagerne steges, krydres og afkøles derefter. For den bedste smag, lav mindst 24 timer før servering.

2 kilo små zucchini

Vegetabilsk olie til stegning

3 spsk rødvinseddike

2 store fed hvidløg, finthakket

1/4 kop hakket frisk mynte eller basilikum

Salt og friskkværnet sort peber

1. Skrub zucchinien med en pensel under koldt rindende vand. Trim enderne. Skær zucchini i 1/4-tommers skiver.

2. Hæld 1 tomme olie i en tung stegepande eller bred pande. Varm olien op ved middel varme, indtil et lille stykke grøntsag falder ned i olien.

3. Tør squashskiverne med køkkenrulle. Skub forsigtigt omkring en fjerdedel af zucchinien ned i den varme olie. Kog indtil let brunet rundt om kanterne, cirka 3 minutter. Brug en hulske til at overføre zucchinien til et køkkenrulle for at dryppe af. Steg resten på samme måde.

4. Læg zucchinien i lag på en tallerken, drys hvert lag med lidt eddike, hvidløg, mynte, salt og peber efter smag. Dæk til og stil på køl i mindst 24 timer før servering.

stegte zucchini

Zucchini i Padella

Giver 6 portioner

Dette er en hurtig måde at lave et velsmagende tilbehør med zucchini, løg og persille.

1 kilo små zucchini

2 spsk usaltet smør

1 lille løg, meget fint hakket

Salt og friskkværnet sort peber

3 spsk hakket flad persille

1. Skrub zucchinien med en pensel under koldt rindende vand. Trim enderne. Skær i 1/8-tommer skiver.

2. Smelt smørret i en mellemstor stegepande ved middel-lav varme. Tilsæt løget og steg indtil det er blødt, cirka 5 minutter.

3. Tilsæt zucchinien og vend den til med smørret. Dæk til og kog i 5 minutter, eller indtil zucchinien er mør, når den gennembores med en gaffel.

4. Tilsæt salt, peber efter smag, persille og bland godt. Server straks.

Prosciutto Zucchini

Prosciutto Zucchini

Giver 4 portioner

Denne zucchini er god som tilbehør til kylling, men også som sauce til varm kogt penne eller anden pasta.

1 1/2 kilo små zucchini

1 mellemstor rødløg finthakket

2 spsk olivenolie

1 fed hakket hvidløg

1 1/2 tsk tørret merian eller timian

Salt og friskkværnet sort peber

3 tynde skiver importeret italiensk prosciutto, skåret på kryds og tværs i smalle strimler

1. Skrub zucchinien med en pensel under koldt rindende vand. Trim enderne. Skær zucchini i 1/8-tommer skiver.

2. I en stor pande steges løget i olien ved middel varme. Kog under omrøring, indtil løget er blødt og gyldent, cirka 10 minutter. Tilsæt hvidløg og merian og steg i yderligere 1 minut.

3. Tilsæt zucchini skiver, salt og peber efter smag. Kog i 5 minutter.

4. Tilsæt prosciutto og kog indtil zucchinien er mør, cirka 2 minutter. Serveres varm.

Zucchini med parmesan crumble

Zucchini alla Parmigiana

Giver 4 portioner

Smøragtige, osteagtige brødkrummer tilføjer smag til denne zucchinigratin.

1 kilo små zucchini

2 spsk usaltet smør, smeltet og afkølet

2 spsk rasp, gerne hjemmelavet

1/4 kop revet Parmigiano-Reggiano

Salt og friskkværnet peber

1. Skrub zucchinien med en pensel under koldt rindende vand. Trim enderne.

2. Sæt en rist i midten af ovnen. Forvarm ovnen til 425 ° F. Smør en 13 x 9 x 2-tommers bageplade.

3. Fordel zucchiniskiverne i gryden, lidt overlappende. Bland smør, brødkrummer og ost i en mellemstor skål og tilsæt salt

og peber efter smag. Drys krummeblandingen over zucchinien.

4. Bages i 30 minutter eller indtil krummerne er gyldenbrune og zucchinien er mør. Serveres varm.

zucchinigratin

zucchinigratin

Giver 4-6 portioner

Når jeg tænker på denne gratin, forestiller jeg mig den som en del af en sommer picnic buffet med grillet kød eller fisk og en række forskellige salater. Det er koldt eller varmt.

2 mellemgule løg, finthakket

2 fed hvidløg, finthakket

4 spiseskefulde olivenolie

Salt og friskkværnet sort peber

1 spsk hakket frisk timian, basilikum eller oregano

4 mindre zucchini, skåret i 1/8-tommers skiver

3 mellemstore runde tomater, skåret i tynde skiver

1/2 kop revet Parmigiano-Reggiano

1. I en mellemstor gryde steges løg og hvidløg i 2 spsk olivenolie ved middel-lav varme, indtil de er gyldne, cirka 10 minutter. Tilsæt salt og peber efter smag.

2. Sæt en rist i midten af ovnen. Forvarm ovnen til 375°F. Smør en 13 x 9 x 2-tommers bageform.

3. Fordel løgblandingen jævnt i gryden. Drys en tredjedel af timian over løget. Læg zucchini og skivede tomater oven på løget. Drys med den resterende timian og smag til med salt og peber. Dryp med den resterende olivenolie.

4. Bag i 40-45 minutter, eller indtil grøntsagerne er møre og saften bobler. Drys med osten og bag til den smelter lidt, ca. i 5 minutter. Lad stå i 10 minutter før servering.

Zucchini fyldt med tun

Zucchini al Tonno

Giver 6 portioner

Jeg fik dem som forret på en restaurant i det toscanske landskab. Jeg serverer den ofte som hovedret med en grøn salat.

2 skiver daggammelt italiensk eller fransk brød, skorpen fjernet (ca. 1/3 kop brød)

1 1/2 kop mælk

6 små zucchini, skåret

1 dåse (6 1/2 oz.) tun pakket i olivenolie

1/4 kop friskrevet Parmigiano-Reggiano plus 2 spsk

1 fed hvidløg, finthakket

2 spsk finthakket frisk flad persille

frisk revet muskatnød

Salt og friskkværnet sort peber

1 stort æg, let pisket

1. Sæt en rist i midten af ovnen. Forvarm ovnen til 425°F. Smør en bageplade, der er stor nok til at rumme halvdelen af zucchinien i ét lag.

2. Drys brødet med mælk og lad det trække til det er blødt. Skrub zucchinien med en pensel under koldt rindende vand. Trim enderne.

3. Skær zucchinien i halve på langs. Brug en lille ske til at tage frugtkødet ud, efterlad en 1/4-tommer skal, og reserver frugtkødet. Læg zucchiniskallerne med snitsiden opad i den forberedte gryde. Hak zucchini frugtkødet og kom det i en skål.

4. Dræn tunen og sæt olien til side. Mos tunen i en stor skål. Pres brødet ud og tilsæt tunen med det hakkede courgettekød, 1/4 kop ost, hvidløg, persille, muskatnød og salt og peber efter smag. Bland godt. Tilsæt ægget.

5. Hæld blandingen i zucchiniskallen. Læg zucchinien i gryden. Dryp med lidt tunolie. Drys med den resterende ost. Hæld 1/2 dl vand rundt om zucchinien.

6.Bag i 30-40 minutter, eller indtil zucchinien er gyldenbrun og mør, når den er gennemboret med en kniv. Serveres lun eller ved stuetemperatur.

stegt zucchini

zucchini fritter

Giver 6 portioner

Øllen tilfører denne pasta en flot smag og farve, mens boblerne gør den let. Dejen er også god til at stege fisk, løgringe og andre grøntsager.

6 små zucchini

1 kop universalmel

2 store æg

¼ kop øl

Vegetabilsk olie til stegning

Salt

1. Skrub zucchinien med en pensel under koldt rindende vand. Trim enderne. Skær zucchini i 2 x 1/4 x 1/4-tommer strimler.

2. Fordel melet på et stykke vokspapir. Pisk æggene i en medium lav skål. Bland øllet godt sammen.

3. Hæld omkring 2 inches af olie i en tung stegepande eller frituregryde efter producentens instruktioner. Opvarm olien over middel varme, indtil en dråbe af æggeblandingen syder, når den tilsættes til gryden, og temperaturen viser 370°F på et friturtermometer.

4. Rul cirka en fjerdedel af squashstrimlerne i mel, og dyp dem derefter i æggeblandingen.

5. Hold zucchinien med en tang, lad den overskydende dej dryppe af, og slip derefter zucchinien i olien en efter en. Tilføj kun så meget, der passer uden at blive trængt. Steg zucchinien, indtil de er sprøde og gyldenbrune, cirka 2 minutter. Skær zucchinien ud med en hulske. Afdryp på køkkenrulle. Hold varmt i en lav ovn, mens resten bages.

6. Drys med salt og server varm.

Zucchini flan

Zucchini format

Giver 6 portioner

Du skal bruge seks små ramekins eller bagebægre til disse lækre plader. Server som tilbehør til stege eller med skinke til en forårsbrunch. Jeg plejer at lade det stå i et minut eller to og så tage det op af panden, men hvis det stadig er hævet og serveret direkte fra ovnen, giver det en lækker forrets soufflé. Men skynd dig; de synker hurtigt.

Du kan erstatte zucchini med broccoli, asparges, gulerødder eller andre grøntsager.

1 spsk usaltet smør, smeltet

3 mellemstore zucchini skåret i tykke skiver

4 store æg, adskilt

1/2 kop revet Parmigiano-Reggiano

Knivspids salt

Et nip stødt muskatnød

1. Skrub zucchinien med en pensel under koldt rindende vand. Trim enderne.

2. Sæt en rist i midten af ovnen. Forvarm ovnen til 350°F. Børst generøst seks 4-ounce ramekins eller ovnfaste vanillecremekopper med det smeltede smør.

3. Kog en stor gryde vand. Tilsæt zucchinien og bring det i kog. Kog i 1 minut. Dræn zucchinien godt. Tør stykkerne med køkkenrulle. Før zucchinien gennem en mølle eller blend den i en blender, indtil den er glat. Overfør zucchini-puréen til en stor skål.

4. Tilsæt æggeblomme, parmigiano, salt og muskatnød til zucchinien og bland godt.

5. I en stor skål piskes æggehviderne med en elektrisk røremaskine, indtil der dannes bløde toppe, når røremaskinen løftes. Brug en gummispatel og fold forsigtigt proteinet ind i zucchiniblandingen.

6. Hæld blandingen i kopperne. Bages i 15-20 minutter, eller indtil toppen er let brunet, og en kniv, der stikkes i midten,

kommer ren ud. Tag krusene ud af ovnen. Lad stå i 2 minutter, kør derefter en lille kniv ned i kopperne og vend pladerne ud på en tallerken.

Sød og sur vintersquash

Fegato dei Sette Cannoli

Det sicilianske navn for dette græskar er "lever af syv kanoner". Palermos syv kløfter, opkaldt efter en berømt fontæne og monument, var engang så fattige, at deres indbyggere ikke havde råd til kød. I denne opskrift erstattede de græskar, som normalt er lavet med lever. Den kan også tilberedes med squash, gulerod eller auberginoskiver.

Du bør gøre dette mindst en dag før servering, fordi det vil smage, som det er. Det holder godt i et par dage.

Selvom sicilianerne normalt bager græskarret, foretrækker jeg at bage det. Dette er også godt til antipasto.

1 valnød, agern eller anden vinter squash eller squash, skåret i 1/4 tomme tykke skiver

Olivenolie

1 1/2 kop rødvinseddike

1 skefuld sukker

Salt

2 fed hvidløg, meget fint hakket

1/3 kop hakket frisk persille eller mynte

1.Skyl græskarret og tør det. Skær enderne af med en stor, tung kokkekniv. Pil skindet af med en grøntsagsskræller. Skær græskarret i halve, skrab kernerne ud. Skær squashen i 1/4 tomme tykke skiver. Forvarm ovnen til 400°F.

2.Pensl begge sider af græskarskiverne grundigt med olie. Læg skiverne i et enkelt lag på en bageplade beklædt med bagepapir. Bages i 20 minutter eller indtil de er møre. Vend skiverne og bag i yderligere 15-20 minutter, eller indtil squashen er møre, når den er gennemboret med en kniv og let brunet.

3.Varm imens eddike, sukker og salt efter smag i en lille gryde. Rør indtil sukker og salt er opløst.

4.På en tallerken eller en lav skål skal du arrangere et par squashskiver i et enkelt lag, lidt overlappende. Drys med lidt hvidløg og persille. Gentag lagene, indtil du har brugt al squash, hvidløg og persille. Hæld eddikeblandingen ovenpå. Dæk til og stil på køl i mindst 24 timer før servering.

ristede grøntsager

Grønt i alla Griglia

Giver 8 portioner

Grillning er en af de bedste måder at tilberede grøntsager på. Grillning giver dem en røget smag, og grillmærker gør dem mere attraktive. Skær grøntsager i tykke skiver eller grove tern, så de ikke falder gennem grillen og ind i flammerne. Hvis du har lyst, kan du overtrække den med olie og eddikedressing inden servering.

1 mellemstor aubergine (ca. 1 pund), skåret i 1/2 tomme tykke skiver

Salt

1 stort rødt eller spansk løg, skåret 1/2 tomme tykt

Fjern stilkene fra 4 store svampe, såsom portabello

4 mellemstore tomater, udkernede og skåret i halve på kryds og tværs

2 store røde eller gule peberfrugter, udkernede, udkernede og i kvarte

Olivenolie

friskkværnet sort peber

6 friske basilikumblade skåret i tern

1. Skær toppen og bunden af auberginen af. Skær auberginen på kryds og tværs i 1/2 tomme tykke skiver. Drys aubergineskiverne rigeligt med salt. Læg skiverne i et dørslag og lad dem dryppe af på en tallerken i 30 minutter. Skyl saltet af under koldt vand og dup skiverne tørre med køkkenrulle.

2. Placer en grill eller grill omkring 5 tommer fra varmekilden. Forvarm grillen eller grillen.

3. Pensl grøntsagsskiverne med olivenolie og læg dem med den olierede side mod varmekilden. Kog indtil let gylden, cirka 5 minutter. Vend skiverne og pensl dem med olie. Bages indtil de er gyldenbrune og møre, cirka 4 minutter. Drys grøntsagerne med salt og peber.

4.Læg grøntsagerne i en skål. Dryp med ekstra olie og drys med basilikum. Serveres varm eller ved stuetemperatur.

Ristede vinterrodfrugter

Grøntsager i ovnen

Giver 6 portioner

Det var inspireret af de salte brunede grøntsager, der ofte ledsager stegt kød i Norditalien. Hvis panden ikke er stor nok til at holde grøntsagerne i et enkelt lag, så brug to pander.

2 mellemstore majroer, skrællet og delt i kvarte

2 mellemstore gulerødder, skrællet og skåret i 1-tommers stykker

2 mellemstore pastinakker, skrællet og skåret i 1-tommers stykker

Kvart 2 mellemstore universalkartofler

2 mellemstore løg i kvarte

4 fed pillede hvidløg

1/3 kop olivenolie

Salt og friskkværnet sort peber

1.Sæt en rist i midten af ovnen. Forvarm ovnen til 450°F. Bland de hakkede grøntsager og hvidløgsfed i en stor gryde. Grøntsagerne skal kun være et lag dybt. Brug eventuelt to pander for at forhindre, at grøntsagerne trænger sig sammen. Vend grøntsagerne med olie og smag til med salt og peber.

2.Grill grøntsagerne i cirka 1 time og 10 minutter, vend hvert 15. minut eller deromkring, indtil de er møre og gyldenbrune.

3.Læg grøntsagerne på en tallerken. Serveres varm.

Sommer grøntsagsgryderet

ciambotta

Til 4-6 portioner

Om sommeren går jeg på det lokale landmandsmarked flere gange om ugen. Jeg elsker at tale med bønderne og prøve de mange usædvanlige produkter, de sælger. Hvis det ikke var for markedet, er jeg sikker på, at jeg aldrig havde prøvet ting som røde mælkebøtter, pastinak, lammekvarte og mange andre grøntsager, du ikke kan finde i supermarkeder. Desværre køber jeg ofte for meget. Det er, når jeg laver ciabotta, en syditaliensk grøntsagsgryderet.

Denne specielle ciambotta er en klassisk kombination af aubergine, peber, kartoffel og tomat. Som skøn tilbehør, eller drysset med revet ost som kødfri hovedret. Du kan også spise den kold smør på toast til crostini, og varm som sandwichfyld med skiver mozzarella.

1 mellemstor løg

4 blommetomater

2 universalkartofler, skrællede

1 mellemstor aubergine

1 mellemstor rød peberfrugt

1 mellemstor gul peberfrugt

Salt og friskkværnet sort peber

3 spiseskefulde olivenolie

1/2 kop revet friske basilikumblade eller friskrevet Parmigiano-Reggiano eller Pecorino Romano (valgfrit)

1. Skær grøntsagerne og skær dem i små tern. I en stor gryde, steg løget i olie ved middel-lav varme, indtil det er blødt, cirka 5-8 minutter.

2. Tilsæt tomater, kartofler, aubergine og peberfrugt. Tilsæt salt og peber efter smag. Dæk til og kog under omrøring af og til i cirka 40 minutter, eller indtil alle grøntsagerne er møre og det meste af væsken er fordampet. Hvis blandingen bliver for tør, tilsæt et par spiseskefulde vand. Hvis der er for meget væske, dæk til og kog i yderligere 5 minutter.

3. Serveres varm eller ved stuetemperatur, almindelig eller pyntet med basilikum eller ost.

Variation: Ciambotta med æg: Når grøntsagerne er klar blandes 4-6 æg med salt. Hæld æggene over grøntsagerne. Bland ikke. Dæk gryden til. Kog indtil ægget er blødt, cirka 3 minutter. Serveres lun eller ved stuetemperatur.

Gryde grøntsagsgryde

Teglia di Verdure

Serveres fra 6-8

Til denne gryde skal du bruge et flot bage- og serveringsfad og servere grøntsagerne fra tallerkenen. Den passer godt til frittatas, kylling og mange andre retter.

1 mellemstor aubergine (ca. 1 pund), skrællet og skåret i tynde skiver

Salt

3 mellemstore kartofler til alle formål (ca. 1 pund), skrællede og skåret i tynde skiver

friskkværnet sort peber

2 mellemstore løg

1 rød og 1 grøn peberfrugt, frøet og skåret i tynde skiver

3 mellemstore tomater, hakkede

6 basilikumblade i tern

$1/3$ kop olivenolie

1. Skræl auberginen og skær den på kryds og tværs i tynde skiver. Læg skiverne i et dørslag, og drys hver rigeligt med salt. Placer filteret på en tallerken og lad det sidde i 30-60 minutter for at løbe af. Skyl aubergineskiverne og tør dem.

2. Sæt en rist i midten af ovnen. Forvarm ovnen til 375°F. Smør generøst en 13 x 9 x 2-tommers bageform.

3. I bunden af fadet laves et lag af overlappende kartoffelskiver. Tilsæt salt og peber. Dæk kartoflerne med et lag aubergine og drys med salt. Tilføj lag af løg, peberfrugt og tomater. Tilsæt salt og peber. Drys basilikum på toppen. Dryp med olivenolie.

4. Dæk med aluminiumsfolie. Bages i 45 minutter. Fjern forsigtigt aluminiumsfolien. Kog i yderligere 30 minutter, eller indtil de er gyldenbrune, når de er gennemboret med en kniv, og grøntsagerne er møre. Serveres lun eller ved stuetemperatur.

Hjemmebagt brød

Hjemmebagt brød

Laver 2 brød

Her er et basisbrød i italiensk stil, der bliver dejligt og sprødt i din hjemmeovn. Da dejen er meget klistret, er det bedst at lave dette brød i en kraftig røremaskine eller foodprocessor. Lad dig ikke friste til at tilføje mere mel til dejen. For at få det rigtige resultat skal den være meget fugtig, med store huller i krummen og en sprød skorpe.

1 tsk aktiv tørgær

2 kopper varmt vand (100°-110°F)

4 1/2 dl brødmel

2 teskefulde salt

2 spsk fin semulje

1. Hæld vandet i en kraftig røreskål. Drys med gær. Lad stå til gæren er cremet, cirka 2 minutter. Rør indtil gæren er opløst.

2. Tilsæt mel og salt. Bland godt, indtil du har en glat dej. Dejen skal være meget klistret. Ælt dejen, indtil den er glat og elastisk, cirka 5 minutter.

3. Smør indersiden af en stor skål. Læg dejen i skålen og vend for at dække toppen. Dæk med plastfolie og lad hæve et lunt, trækfrit sted, indtil det er dobbelt så stort, cirka 1 1/2 time.

4. Jævn dejen og del den i to. Form hvert stykke til en kugle. Fordel semulje i en stor gryde. Læg dejkuglerne med et par centimeters mellemrum på bagepladen. Dæk med folie og lad hæve et lunt, trækfrit sted, indtil det er fordoblet, i ca. 1 time.

5. Sæt risten i midten af ovnen. Forvarm ovnen til 450°F. Brug et barberblad eller en meget skarp kniv til at skære et X i toppen af hvert brød. Overfør dejen til bagestenen. Bag i 40 minutter, indtil bollen er gyldenbrun og lyder hul, når du banker på bunden.

6. Skub brødene på rist for at køle helt af. Opbevares pakket ind i aluminiumsfolie ved stuetemperatur i op til 24 timer og i fryseren i op til en måned.

Urtebrød

Rude alle Erbe

Giver et 12 tommers brød

I byen Forlimpopoli i Emilia-Romagna spiste jeg på en restaurant åbnet af et ungt par i en villa fra det 17. århundrede. Inden maden blev der taget lækkert urtebrød frem. Da jeg spurgte til dette, var kokken glad for at dele opskriften og rådede mig til at gå ud i haven ved daggry for at plukke krydderurterne, mens de stadig er våde fra morgenduggen for at få det bedste resultat. Du kan dog få gode resultater med friske krydderurter fra supermarkedet.

1 kuvert (21/2 tsk) aktiv tørgær eller 2 tsk instant gær

1 kop varmt vand (100°-110°F)

2 spsk usaltet smør, smeltet og afkølet

Cirka 21/2 kop ubleget universalmel

1 skefuld sukker

1 tsk salt

1 spsk hakket frisk persille

1 spsk hakket frisk mynte

1 spsk hakket frisk timian

1 spsk skåret frisk purløg

1 æggeblomme plus 1 spsk vand

1. Hæld vandet i en stor gryde. Drys med gær. Lad stå til gæren er cremet, cirka 2 minutter. Rør indtil gæren er opløst.

2. Tilsæt smør og 2 kopper mel, sukker og salt og bland indtil du har en glat dej. Læg dejen på en let meldrysset overflade. Drys med krydderurterne og ælt indtil glat og elastisk, ca. 10 minutter, tilsæt mere mel om nødvendigt for at få en fugtig, men ikke klistret dej. (Eller tilbered dejen i en kraftig røremaskine, foodprocessor eller brødmaskine, følg producentens anvisninger.)

3. Smør indersiden af en stor skål. Læg dejen i skålen, drej en gang for at dække toppen. Dæk til med plastfolie og lad hæve et lunt sted til dobbelt størrelse, cirka 1 time.

4. Smør en stor bageplade. Læg dejen på en let meldrysset overflade og flad med hænderne for at fjerne luftbobler. Rul dejen mellem hænderne for at danne et reb, der er cirka 12 centimeter langt. Læg dejen på bagepladen. Dæk med plastfolie og lad hæve indtil fordoblet, cirka 1 time.

5. Sæt risten i midten af ovnen. Forvarm ovnen til 400° F. Pensl dejen med æggeblommeblandingen. Skær 4 slidser i toppen med en barberkniv eller meget skarp kniv. Bages til brødet er gyldenbrunt og føles hult, når der bankes på bunden, cirka 30 minutter.

6. Skub brødet over på en rist for at køle helt af. Pak ind i folie og opbevar ved stuetemperatur i op til 24 timer, eller frys i op til 1 måned.

Ostebrød i Marches stil

Ciaccia

Giver et 9-tommers rundt brød

Marches-regionen i det centrale Italien er måske ikke kendt, når det kommer til mad, men den har meget at byde på. Langs kysten serveres fremragende fisk og skaldyr, mens køkkenet inde i landet med sine forrevne bjerge er rigeligt og omfatter vildt og trøfler. En lokal specialitet er ciauscolo, en blød pølse lavet af meget fint malet svinekød, smagt til med hvidløg og krydderier og fordelt på brød. Dette velsmagende brød lavet af to typer ost serveres som snack eller som aperitif med et glas vin. Ideel til en picnic med kogte æg, salami og salat.

1 kuvert (21/2 tsk) aktiv tørgær eller 2 tsk instant gær

1 kop varm mælk (100°-110°F)

2 store æg, pisket

2 spsk olivenolie

1 1/2 kop friskrevet Pecorino Romano

1/2 kop friskrevet Parmigiano-Reggiano

Cirka 3 kopper ubleget universalmel

1 1/2 tsk salt

1 1/2 tsk friskkværnet sort peber

1. I en stor skål drysses gæren med mælken. Lad stå til gæren er cremet, cirka 2 minutter. Rør indtil gæren er opløst.

2. Tilsæt æg, olie og oste og bland godt. Tilsæt melet med en træske, salt og peber til du får en jævn dej. Læg dejen på en let meldrysset overflade. Ælt en glat og elastisk dej i cirka 10 minutter, tilsæt mere mel efter behov for at få en fugtig, men ikke klistret dej. (Eller tilbered dejen i en kraftig røremaskine, foodprocessor eller brødmaskine efter producentens anvisninger.) Form dejen til en kugle.

3. Smør indersiden af en stor skål. Læg dejen i skålen, vend en gang for at dække toppen. Dæk med plastfolie og lad hæve i 1 1/2 time eller til dobbelt størrelse.

4. Tryk ned på dejen for at fjerne luftbobler. Form dejen til en kugle.

5. Smør en 9-tommer springform. Tilsæt dejen, dæk til og lad hæve igen, indtil den er fordoblet i størrelse, cirka 45 minutter.

6. Sæt risten i midten af ovnen. Forvarm ovnen til 375° F. Pensl toppen af dejen med æggeblomme. Bages indtil gyldenbrune, cirka 35 minutter.

7. Lad afkøle i gryden i 10 minutter. Fjern siderne af gryden, og skub derefter brødet over på en rist for at køle helt af. Pak ind i folie og opbevar ved stuetemperatur i op til 24 timer, eller frys i op til 1 måned.

gylden majsrulle

Panini d'Oro

Giver 8-10 portioner

Den runde bolle fyldt med en halv cherrytomat får sin gyldne farve fra majsmel. Dejen formes til kugler, som formes til brød under bagningen. Rullerne kan også serveres som hele brød, hver enkelt slipper af med sit eget. Disse er især gode til en suppe eller ostemiddag.

1 kuvert (2 1/2 tsk) aktiv tørgær eller 2 tsk instant gær

1 1/2 kop varmt vand (100°-110°F)

1 1/2 kop mælk

1 1/4 kop olivenolie

Omkring 2 kopper ubleget universalmel

1 1/2 kop fint gult majsmel

1 tsk salt

10 cherrytomater, skåret i halve

1. Drys gæren med vandet i en stor skål. Lad stå til gæren er cremet, cirka 2 minutter. Rør indtil gæren er opløst. Tilsæt mælken og 2 spsk olie.

2. I en stor skål blandes mel, majsmel og salt.

3. Tilsæt de tørre ingredienser til væsken og bland indtil en dej dannes. Læg dejen på en let meldrysset overflade. Ælt en glat og elastisk dej i cirka 10 minutter, tilsæt mere mel efter behov for at lave en fugtig, let klistret dej. (Eller tilbered dejen i en kraftig røremaskine, foodprocessor eller brødmaskine efter producentens anvisninger.) Form dejen til en kugle.

4. Smør indersiden af en stor skål. Tilsæt dejen, vend én gang for at dække toppen. Dæk til med plastfilm og lad det hvile i 1 1/2 time et lunt, trækfrit sted.

5. Smør en 10-tommer springform. Tryk ned på dejen for at fjerne luftbobler. Skær dejen i kvarte. Skær hver fjerdedel i 5 lige store stykker. Rul hvert stykke til en kugle. Arranger stykkerne i gryden. Tryk en mellemstor tomat med snitsiden nedad i midten af hvert stykke dej. Dæk med folie og lad hæve et lunt sted i 45 minutter eller indtil dobbelt størrelse.

6. Sæt risten i midten af ovnen. Forvarm ovnen til 400°F. Dryp dejen med de resterende 2 spsk olivenolie. Bages i 30 minutter eller indtil de er gyldenbrune.

7. Fjern siderne af panden. Skub rullerne over på en rist til afkøling. Pak ind i folie og opbevar ved stuetemperatur i op til 24 timer, eller frys i op til 1 måned.

Sort oliven brød

Olivenbrød

Laver to 12-tommers brød

Dette brød er lavet af starter, en blanding af mel, vand og gær. Forretten hæves separat og tilsættes dejen for at give brødet ekstra smag. Planlæg at lave forretten mindst 1 time eller op til en dag frem.

Selvom jeg normalt bruger lækre italienske sorte oliven til denne opskrift, kan grønne oliven også bruges. Eller prøv en blanding af forskellige oliven. Dette brød er populært i Veneto-regionen.

1 kuvert (2 1/2 tsk) aktiv tørgær eller 2 tsk instant gær

2 kopper varmt vand (100°-110°F)

Cirka 4 1/2 kop ubleget universalmel

1 1/2 kop fuldkornshvedemel

2 teskefulde salt

2 spsk olivenolie

11/2 kop smagfulde sorte oliven, såsom Gaeta, udstenede og groft hakkede

1. I en mellemstor skål drysses gæren med 1 kop vand. Lad stå til gæren er cremet, cirka 2 minutter. Rør indtil gæren er opløst. Tilsæt 1 kop universalmel. Dæk med plastfolie og stil på køl, indtil det er skummende, cirka 1 time eller natten over. (Hvis den er varm, så læg forretten i køleskabet. Tag den ud ca. 1 time før du tilbereder pastaen.)

2. I en stor skål piskes de resterende 31/2 kop universalmel, fuldkornshvedemelet og saltet sammen. Tilsæt starteren, de resterende 1 kop varmt vand og olien. Bland med en træske til du får en jævn dej.

3. Vend dejen ud på en let meldrysset overflade og ælt til den er glat og elastisk, cirka 10 minutter, tilsæt mere mel, hvis du får en våd, let klistret dej. (Eller tilbered dejen i en kraftig røremaskine, foodprocessor eller brødmaskine efter producentens anvisninger.) Form dejen til en kugle.

4. Smør indersiden af en stor skål. Tilsæt dejen, vend én gang for at dække toppen. Dæk med plastfolie og lad hæve et lunt sted til dobbelt størrelse, cirka 1 1/2 time.

5. Smør en stor bageplade. Flad dejen ud for at fjerne luftbobler. Ælt olivenerne kort. Del dejen i to og form hvert stykke til et brød på cirka 12 centimeter. Læg brødene med et par centimeters mellemrum på den forberedte bageplade. Dæk med plastfolie og lad hæve til dobbelt størrelse, cirka 1 time.

6. Sæt risten i midten af ovnen. Forvarm ovnen til 400°F. Brug et enægget barberblad eller en skarp kniv til at lave 3-4 diagonale snit på overfladen af hvert brød. Bages i 40-45 minutter eller indtil de er gyldenbrune.

7. Skub brødene over på en rist til afkøling. Pak ind i folie og opbevar ved stuetemperatur i op til 24 timer, eller frys i op til 1 måned.

Stromboli brød

bolle

Laver to 10-tommers brød

Så vidt jeg ved, er dette brød fyldt med ost og pølse en italiensk-amerikansk kreation, sandsynligvis inspireret af den sicilianske bonata, brøddej viklet rundt om fyldet og bagt til et brød. Stromboli er en berømt vulkan på Sicilien, så navnet henviser sandsynligvis til udseendet af smeltet lava ved åbningerne. Brødet serveres som forret eller snack.

1 tsk aktiv tørgær eller 2 tsk instant gær

3/4 kop varmt vand (100°-110°F)

Omkring 2 kopper ubleget universalmel

1 tsk salt

4 ounce skiver blød provolone eller schweizisk ost

2 ounce tyndt skåret salami

4 ounce skiveskåret skinke

Pisk 1 æggeblomme med 2 spsk vand

1. Drys gæren med vandet i en stor skål. Lad stå til gæren er cremet, cirka 2 minutter. Rør indtil gæren er opløst.

2. Tilsæt mel og salt. Bland med en træske til du får en jævn dej. Vend dejen ud på en let meldrysset overflade og ælt indtil glat og elastisk, cirka 10 minutter, tilsæt mere mel, hvis det er nødvendigt for at lave en fugtig, men ikke klistret dej. (Eller tilbered dejen i en kraftig røremaskine, foodprocessor eller brødmaskine, følg producentens anvisninger.)

3. Smør indersiden af en stor skål. Tilsæt dejen til skålen, vend én gang for at dække toppen. Dæk med plastikfilm. Stil et lunt, trækfrit sted og lad hæve til det dobbelte, cirka 1 1/2 time.

4. Tag dejen ud af skålen og flad den forsigtigt ud for at fjerne luftbobler. Skær dejen i halve og form den til to kugler. Læg kuglerne på en meldrysset overflade og dæk hver enkelt i en skål. Lad hæve i 1 time eller indtil fordoblet størrelse.

5. Sæt en rist i midten af ovnen. Forvarm ovnen til 400°F. Smør en stor bageplade.

6. På en let meldrysset overflade skal du bruge en kagerulle til at flade et stykke dej ud til en 12-tommer cirkel. Læg halvdelen af osteskiverne på dejen. Læg halvdelen af skinken og salamien ovenpå. Rul dejen stramt sammen og fyld den i en cylinder. Klem sømmen for at forsegle. Læg rullesømmen nedad på bagepladen. Fold enderne af dejen under rullen. Gentag med resten af ingredienserne.

7. Pensl bollerne med æggeblommeblandingen. Brug en kniv til at skære 4 jævnt fordelte, lavvandede slidser i toppen af dejen. Bages i 30-35 minutter eller indtil de er gyldenbrune.

8. Sæt på en rist for at køle lidt af. Serveres varm, skåret i diagonale skiver. Pak ind i folie og opbevar ved stuetemperatur i op til 24 timer, eller frys i op til 1 måned.

ostebrød med valnødder

nociatus brød

Laver to 8-tommer runde brød

Med salami, oliven og en flaske rødvin er dette umbriske brød et solidt måltid. Denne version er salt, men i Todi, en af de smukkeste middelalderbyer i regionen, havde jeg en sød version, som jeg lavede med rødvin, krydderier og rosiner og bagte i vindrueblade.

1 kuvert (2 1/2 tsk) aktiv tørgær eller 2 tsk instant gær

2 kopper varmt vand (100°-110°F)

Cirka 4 1/2 kop ubleget universalmel

1 1/2 kop fuldkornshvedemel

2 teskefulde salt

2 spsk olivenolie

1 kop revet toscansk pecorino

1 kop hakkede valnødder, ristede

1. I en mellemstor skål drysses gæren med 1 kop vand. Lad stå til gæren er cremet, cirka 2 minutter. Rør indtil gæren er opløst.

2. I en stor skål piskes 4 kopper universalmel, fuldkornshvedemel og salt sammen. Tilsæt gærblandingen, den resterende kop varmt vand og olien. Bland med en træske til du får en jævn dej. Vend dejen ud på en let meldrysset overflade og ælt til den er glat og elastisk, cirka 10 minutter, tilsæt mere mel, hvis du får en våd, let klistret dej. (Eller tilbered dejen i en kraftig røremaskine, foodprocessor eller brødmaskine, følg producentens anvisninger.)

3. Smør indersiden af en stor skål. Tilsæt dejen, vend én gang for at dække toppen. Dæk med plastfolie og lad hæve et lunt sted til dobbelt størrelse, cirka 1 1/2 time.

4. Smør en stor bageplade. Flad dejen ud for at fjerne luftbobler. Drys ost og valnødder ovenpå, og ælt derefter for at fordele ingredienserne. Del dejen i to og form hvert stykke til et rundt brød. Læg brødene med et par centimeters mellemrum på den forberedte bageplade. Dæk med plastfolie og lad hæve til dobbelt størrelse, cirka 1 time.

5. Sæt ovnristen i midten af ovnen. Forvarm ovnen til 400°F. Brug et enægget barberblad eller en skarp kniv til at lave 3-4 diagonale snit på overfladen af hvert brød. Bag dem, indtil de er gyldenbrune, og brødene lyder hule, når de bankes på bunden, cirka 40 til 45 minutter.

6. Skub brødene over på en rist for at køle helt af. Server ved stuetemperatur. Pak ind i folie og opbevar ved stuetemperatur i op til 24 timer, eller frys i op til 1 måned.

tomatrulle

Panini al Pomodoro

Giver 8 ruller

Tomatpuréen farver disse ruller en flot rød-orange farve og tilføjer et strejf af tomatsmag. Jeg kan godt lide at bruge den dobbelte styrke tomatpasta, der kommer i en tube som tandpastaen. Den har en dejlig sød tomatsmag, og da de fleste opskrifter kun kræver en spiseskefuld eller to pasta, kan du bruge så meget du vil, og derefter forsegle tuben og opbevare den i køleskabet, i modsætning til dåse tomatpure.

Selvom jeg ikke ofte tænker på Veneto, når jeg tænker på tomater, er disse ruller populære der.

1 kuvert (2 1/2 tsk) aktiv tørgær eller 2 tsk instant gær

1/2 kop plus 3/4 kop varmt vand (100°-110°F)

1 1/4 kop tomatpuré

2 spsk olivenolie

Cirka 2 3/4 kopper ubleget universalmel

2 teskefulde salt

1 tsk tørret oregano, smuldret

1. I en mellemstor skål drysses gæren med 1/2 kop vand. Lad stå til gæren er cremet, cirka 2 minutter. Rør indtil gæren er opløst. Tilsæt tomatpure og resten af vandet og bland til en jævn masse. Tilsæt olivenolien.

2. I en stor skål blandes mel, salt og oregano.

3. Hæld væsken i de tørre ingredienser. Bland med en træske til du får en jævn dej. Vend dejen ud på en let meldrysset overflade og ælt til den er glat og elastisk, cirka 10 minutter, tilsæt mere mel, hvis du får en våd, let klistret dej. (Eller tilbered dejen i en kraftig røremaskine, foodprocessor eller brødmaskine, følg producentens anvisninger.)

4. Smør indersiden af en stor skål. Tilsæt dejen, vend én gang for at dække toppen. Dæk med plastfolie og lad hvile i 1 1/2 time eller indtil dobbelt størrelse.

5. Smør en stor bageplade. Flad dejen ud for at fjerne luftbobler. Skær dejen i 8 lige store dele. Form hvert stykke til en kugle. Læg kuglerne med et par centimeters mellemrum på

bagepladen. Dæk med plastfolie og lad hæve indtil fordoblet, cirka 1 time.

6. Sæt risten i midten af ovnen. Forvarm ovnen til 400°F. Bag dem i cirka 20 minutter, indtil muffinsene er gyldenbrune og lyder hule, når de bankes i bunden.

7. Skub rullerne over på en rist for at køle helt af. Server ved stuetemperatur. Indpakket i aluminiumsfolie kan den opbevares i op til 24 timer eller fryses i 1 måned.

country brioche

Rustik brioche

Giver 8 portioner

Den rige smør- og ægbriochedej, sandsynligvis bragt til Napoli af franske kokke omkring 1700, er beriget med hakket skinke og ost. Dette velsmagende brød er en god antipasto eller serveret med en skål salat før eller efter et måltid. Husk at piske denne masse, indtil den er glat og uden æltning.

1 1/2 kop varm mælk (100°-110°F)

1 kuvert (2 1/2 tsk) aktiv tørgær eller 2 tsk instant gær

4 spsk (1/2 stav) usaltet smør, ved stuetemperatur

1 skefuld sukker

1 tsk salt

2 store æg, ved stuetemperatur

Cirka 2 1/2 kop ubleget universalmel

1/2 kop revet frisk mozzarella, dup tør, hvis den er våd

1 1/2 kop hakket provolone

1 1/2 kop hakket prosciutto

1. Hæld mælk i en lille skål og drys med gær. Lad stå til gæren er cremet, cirka 2 minutter. Rør indtil gæren er opløst.

2. Pisk smør, sukker og salt i en stor skål, i en kraftig røremaskine eller foodprocessor, indtil det er blandet. Knæk æggene. Tilsæt mælkeblandingen med en træske. Tilsæt melet og bland til det er glat. Dejen bliver klistret.

3. Form dejen til en kugle på en let meldrysset overflade. Dæk med en omvendt skål og lad hvile i 30 minutter.

4. Smør og mel et 10-tommer rør eller Bundt-pande.

5. Mel en kagerulle let. Rul dejen ud til et 22 x 8-tommers rektangel. Fordel osten og kødet over dejen, efterlad en 1-tommers kant på de lange sider. Start fra den længere side og rul dejen stramt sammen til en cylinder. Klem sømmen for at forsegle. Læg rullesømmen nedad i den forberedte gryde. Klem enderne sammen for at forsegle. Dæk gryden med plastfolie. Lad dejen hæve et lunt, trækfrit sted, til den er fordoblet, cirka 1 1/2 time.

6. Sæt ovnristen i midten af ovnen. Forvarm ovnen til 350°F. Bages i cirka 35 minutter, indtil bollerne er gyldenbrune og lyder hule, når de bankes i bunden.

7. Skub brødene over på en rist for at køle helt af. Server ved stuetemperatur. Pak ind i folie og opbevar ved stuetemperatur i op til 24 timer, eller frys i op til 1 måned.

Sardinsk musikalsk papirbrød

Musikalsk brev

Giver 8-12 portioner

De store ark papirtynde brød kaldes "musikpapir" på Sardinien, fordi brød på et tidspunkt, ligesom papir, blev rullet sammen for lettere opbevaring. Sardinere skærer bladene i mindre stykker til at snacke under måltiderne, enten med let gede- eller fåreost, eller gennemblødt i supper eller smidt med saucer såsom pasta. Semuljemel kan findes i mange specialbutikker eller i kataloger såsom King Arthur Flour Baker's Catalogue (seKilder).

Cirka 11/4 kop ubleget universal- eller brødmel

11/4 dl fint hvedemel

1 tsk salt

1 kop lunkent vand

1. I en stor skål piskes universal- eller brødmel, hvedemel og salt sammen. Tilsæt vandet med en træske, til du får en jævn dej.

2. Skrab dejen ud på en let meldrysset overflade. Ælt dejen, tilsæt mere mel efter behov, for at lave en hård, glat og elastisk dej, cirka 5 minutter. Form dejen til en kugle. Dæk med en omvendt skål og lad stå ved stuetemperatur i 1 time.

3. Sæt risten i midten af ovnen. Forvarm ovnen til 450°F.

4. Del dejen i seks dele. Rul med en kagerulle en 30 cm rund dej ud på en let meldrysset overflade, så tynd, at du kan se gennem hånden, når den holdes op mod lyset. Læg dejen på kagerullen for at hæve. Læg dejen på en usmurt bageplade, og sørg for at glatte eventuelle rynker ud.

5. Bages i cirka 2 minutter eller indtil toppen af brødet er blød. Brug en grydetang til at beskytte den ene hånd og en stor metalspatel i den anden hånd til at vende dejen. Bages i cirka 2 minutter mere eller indtil let gyldenbrun.

6. Overfør brødet til en rist for at køle helt af. Gentag med den resterende dej.

7. Ved servering brækkes hver plade i 2-4 stykker. Opbevar resten på et tørt sted i en godt forseglet plastikpose.

Variation: Som forret skal du varme brødet på en bageplade i en lav ovn i 5 minutter eller indtil det er varmt. Læg stykkerne på en tallerken, dryp hvert lag med ekstra jomfru olivenolie og groft salt eller hakket frisk rosmarin. Serveres varm.

Rødløg fladt brød

Focaccia alle Cipolle Rosso

Giver 8-10 portioner

Dejen til denne focaccia er meget fugtig og klistret, så bland grundigt i en skål uden at ælte. Bland i hånden med en træske eller brug en elektrisk røremaskine, foodprocessor eller en kraftig brødmaskine. Den langsomme, lange hævning giver dette brød en delikat smag og en let kageagtig konsistens. Mens de fleste focaccia smager bedre varmt, er denne fugtig nok til at holde sig selv ved stuetemperatur.

1 kuvert (2 1/2 tsk) aktiv tørgær eller instant gær

1 1/2 kop varmt vand (100°-110°F)

1 1/2 dl mælk, ved stuetemperatur

6 spiseskefulde olivenolie

Omkring 5 kopper ubleget universalmel

2 spsk finthakket frisk rosmarin

2 teskefulde salt

1 1/2 kop grofthakket rødløg

1. I en mellemstor skål drysses gæren med det varme vand. Lad stå til gæren er cremet, cirka 2 minutter. Rør indtil gæren er opløst. Tilsæt mælken og 4 spsk olie og bland.

2. Kombiner mel, rosmarin og salt i en kraftig standmixer eller foodprocessor. Tilsæt gærblandingen og bland indtil du har en jævn dej. Ælt indtil glat og elastisk i cirka 3-5 minutter. Dejen bliver klistret.

3. Smør en stor skål. Læg dejen i skålen og dæk med plastfolie. Lad hæve et lunt, trækfrit sted til det er fordoblet, cirka 1 1/2 time.

4. Smør en 13 x 9 x 2-tommers bageform. Hæld dejen i gryden, fordel jævnt. Dæk med plastfolie og lad hæve i 1 time eller indtil dobbelt størrelse.

5. Sæt ovnristen i midten af ovnen. Forvarm ovnen til 450°F.

6. Brug fingerspidserne til at trykke fast i dejen for at lave fordybninger omkring 1 tomme fra hinanden og 1/2 tomme

dybe. Drys overfladen med de resterende 2 spsk olivenolie og fordel løgskiverne ovenpå. Drys med groft salt. Bages til de er sprøde og gyldenbrune, cirka 25-30 minutter.

7. Skub focacciaen over på en rist. Skær i firkanter. Serveres lun eller ved stuetemperatur. Den kan opbevares ved stuetemperatur, pakket ind i aluminiumsfolie, i op til 24 timer.

Hvidvins fladbrød

Focaccia med vin

Giver 8-10 portioner

Hvidvin giver denne focaccia i genuesisk stil en unik smag. Det er normalt toppet med grove havsaltkrystaller, men du kan erstatte det med frisk salvie eller rosmarin, hvis du har lyst. I Genova spises det til hvert måltid, inklusive morgenmad, og skolebørn henter en skive i bageriet til en snack midt på formiddagen. Focaccia-dejen er meget fugtig og klistret, så det er bedst at lave den i en kraftig blender eller foodprocessor.

Denne focaccia-starter er lavet af en blanding af gær, mel og vand, der giver mange brød ekstra smag og god tekstur. Forretten kan laves alt fra 1 time til 24 timer før brødet laves, så planlæg derefter.

1 kuvert (2 1/2 tsk) aktiv tørgær eller 2 tsk instant gær

1 kop varmt vand (100°-110°F)

Cirka 4 kopper ubleget universalmel

2 teskefulde salt

1 1/2 kop tør hvidvin

1 1/4 kop olivenolie

Supplement

3 spiseskefulde ekstra jomfru olivenolie

1 tsk groft havsalt

1. For at forberede starteren, drys gæren i vandet. Lad stå til gæren er cremet, cirka 2 minutter. Rør indtil gæren er opløst. Pisk 1 kop mel indtil glat. Dæk med plastfolie og lad sidde ved stuetemperatur i ca. 1 time, men op til 24 timer. (Hvis den er varm, så læg forretten i køleskabet. Tag den ud ca. 1 time før du tilbereder pastaen.)

2. Kombiner 3 kopper mel og salt i en kraftig blender eller foodprocessor. Tilsæt forret, vin og olie. Ælt dejen, til den er glat og elastisk, cirka 3-5 minutter. Det bliver meget klistret, men tilsæt ikke mere mel.

3. Smør indersiden af en stor skål. Tilsæt pastaen. Dæk med plastfolie og lad hæve et lunt, trækfrit sted, indtil det er dobbelt så stort, cirka 1 1/2 time.

4. Smør en stor bageplade eller 15 x 10 x 1 tommer gelérullepande. Vi glatter dejen. Læg i gryden, bank og stræk med hænderne, så de passer. Dæk med plastfolie og lad hæve indtil fordoblet, cirka 1 time.

5. Sæt risten i midten af ovnen. Forvarm ovnen til 425°F. Tryk dejen godt fast med fingerspidserne, så den er ca. Dryp med 3 spsk olie. Drys med havsalt. Bages i 25-30 minutter eller indtil de er sprøde og gyldenbrune.

6. Skub focacciaen over på en rist for at køle lidt af. Skær i firkanter eller rektangler og server varm.

Soltørret tomat fladbrød

Focaccia di Pomodori Secchi

Giver 8-10 portioner

Til denne friformede focaccia kan du bruge tørrede, syltede og våde tomater. Hvis du ikke bare laver soltørrede tomater, så læg dem i blød i varmt vand i et par minutter, indtil de er bløde.

1 tsk aktiv tørgær

1 kop varmt vand (100°-110°F)

Cirka 3 kopper ubleget universalmel

1 tsk salt

4 spsk ekstra jomfru olivenolie

8-10 syltede soltørrede tomater, drænet og delt i kvarte

En knivspids tørret oregano, smuldret

1. Drys gæren over vandet. Lad stå til gæren er cremet, cirka 2 minutter. Rør indtil gæren er opløst. Tilsæt 2 spsk olie.

2. Bland mel og salt i en stor skål. Tilsæt gærblandingen og bland med en træske, indtil du får en jævn dej.

3. Læg dejen på en let meldrysset overflade. Ælt en glat og elastisk dej i cirka 10 minutter, tilsæt mere mel efter behov for at lave en fugtig, let klistret dej. (Eller tilbered dejen i en kraftig røremaskine, foodprocessor eller brødmaskine efter producentens anvisninger.) Form dejen til en kugle.

4. Smør indersiden af en stor skål. Tilsæt dejen, vend én gang for at dække toppen. Dæk med plastfolie og lad hæve et lunt, trækfrit sted, indtil det er dobbelt så stort, cirka 1 1/2 time.

5. Smør en stor bageplade eller 12-tommer rund pizzapande. Læg dejen i gryden. Smør dine hænder og flad dejen til en 12-tommer cirkel. Dæk med plastfolie og lad hæve indtil fordoblet, cirka 45 minutter.

6. Sæt ovnristen i midten af ovnen. Forvarm ovnen til 450°F. Brug fingerspidserne til at lave fordybninger i dejen med en afstand på ca. Tryk en lille tomat ned i hvert hul. Drys med de resterende 2 spsk olivenolie og fordel med fingrene. Drys med oregano. Bages i 25 minutter eller indtil de er gyldenbrune.

7.Skub focacciaen ud på et skærebræt og skær i firkanter. Serveres varm.

Romersk kartoffelfladbrød

kartoffel pizza

Giver 8-10 portioner

Mens romerne spiser meget pizza med typiske toppings, er deres første kærlighed pizza bianca, "hvid pizza", et langt, rektangulært fladbrød, der ligner genovesisk focaccia, kun knasendere og mere ujævn. Pizza bianca er normalt toppet med kun salt og olivenolie, selvom denne variant også er populær med tynde skiver sprøde kartofler.

1 kuvert (2 1/2 tsk) aktiv tørgær eller 2 tsk instant gær

1 kop varmt vand (100°-110°F)

Cirka 3 kopper ubleget universalmel

1 tsk salt og mere til kartoflerne

6 spiseskefulde olivenolie

1 pund gulkødede kartofler, såsom Yukon Gold, skrællede og meget tynde skiver

friskkværnet sort peber

1. Drys gæren over vandet. Lad stå til gæren er cremet, cirka 2 minutter. Rør indtil gæren er opløst.

2. I en stor skål blandes 3 kopper mel og 1 tsk salt. Tilsæt gærblandingen og 2 spsk olie. Bland med en træske til du får en jævn dej. Vend dejen ud på en let meldrysset overflade og ælt indtil glat og elastisk, cirka 10 minutter, tilsæt mere mel, hvis det er nødvendigt for at lave en fugtig, men ikke klistret dej. (Eller tilbered dejen i en kraftig røremaskine, foodprocessor eller brødmaskine, følg producentens anvisninger.)

3. Smør indersiden af en stor skål. Tilsæt dejen og vend én gang for at dække toppen. Dæk med plastikfilm. Lad hæve et lunt, trækfrit sted til dobbelt størrelse, ca. 1 1/2 time.

4. Smør en 15 x 10 x 1 tommer pande. Flad forsigtigt dejen ud og læg den i gryden. Rul ud og fordel dejen, så den passer til gryden. Dæk med plastfolie og lad hæve indtil fordoblet, cirka 45 minutter.

5. Sæt risten i midten af ovnen. Forvarm ovnen til 425°F. Smid kartoflerne i en skål med de resterende 4 spsk olivenolie og

smag til med salt og peber. Læg skiverne oven på dejen, lidt overlappende.

6. Bages i 30 minutter. Øg varmen til 450°F. Bages i yderligere 10 minutter eller indtil kartoflerne er bløde og gyldenbrune. Skub pizzaen ud på et bord og skær den i firkanter. Serveres varm.

Grillet brød fra Emilia-Romagna

Piadina

Giver 8 brød

Piadina er et rundt fladbrød bagt på en pande eller sten, populært i Emilia-Romagna. Om sommeren dukker farverige stribede linnedboder op på gadehjørner i kystbyer ved Adriaterhavskysten. Ved frokosttid er boderne åbne for forretningsmænd og uniformerede operatører, der ruller og bager piadinen på flade bageplader. Den varme piadina, omkring ni inches i diameter, er foldet på midten og fyldt med ost, skiver prosciutto, salami eller dampede grøntsager (f.eks.Escarole med hvidløg) og spises som en sandwich.

Selvom piadina normalt laves med spæk, erstatter jeg olivenolie, da frisk spæk ikke altid er tilgængelig. Skær piadinaen i skiver til en antipasto eller snack.

3 1/2 kop ubleget universalmel

1 tsk salt

1 tsk bagepulver

1 kop lunkent vand

1 1/4 kop frisk spæk, smeltet og afkølet, eller olivenolie

Kogte grøntsager, skiver kød eller oste

1. Bland mel, salt og bagepulver i en stor skål. Tilsæt vand og fedtstof eller olie. Bland med en træske til du får en jævn dej. Skrab dejen ud på en let meldrysset overflade og ælt kort til den er glat. Form dejen til en kugle. Dæk med en omvendt skål og lad stå i 30 minutter til 1 time.

2. Skær dejen i 8 lige store dele. Dæk de resterende stykker og rul et stykke dej ud til en 8-tommer cirkel. Gentag med resten af dejen, og læg cirklerne oven på hinanden med vokspapir.

3. Forvarm ovnen til 250°F. Opvarm en stor non-stick stegepande eller stegepande over medium varme, indtil den er meget varm og en dråbe vand syder og hurtigt forsvinder, når den rammer overfladen. Læg en cirkel af dej på overfladen og bag i 30-60 sekunder, eller indtil piadinaen er fast og gyldenbrun. Vend dejen og steg i yderligere 30-60 sekunder eller indtil den anden side er godt brunet.

4. Pak piadinaen ind i alufolie og hold den varm i ovnen, indtil du bager de resterende dejcirkler på samme måde.

5. For at servere skal du lægge grøntsager eller skiver af prosciutto, salami eller ost på siden af piadinaen. Fold piadinaen over fyldet og spis som en sandwich.

Brødstænger

Grissini

Gør omkring 6 dusin brødstænger

En pastamaskine udstyret med en fettuccineskærer kan også lave lange, tynde stænger kaldet grissini. (Jeg giver også instruktioner, hvis du vil eller har brug for at skære breadstick-dejen i hånden.) Skift smagen ved at tilføje kværnet sort peber eller tørrede krydderurter som hakket rosmarin, timian eller oregano til dejen.

1 kuvert (21/2 tsk) aktiv tørgær eller 2 tsk instant gær

1 kop varmt vand (100°-110°F)

2 spsk ekstra jomfru olivenolie

Cirka 21/2 kop ubleget universalmel eller brødmel

1 tsk salt

2 spsk gul majsmel

1. Drys gæren med vandet i en stor skål. Lad stå til gæren er cremet, cirka 2 minutter. Rør indtil gæren er opløst.

2. Tilsæt olivenolien. Tilsæt 2 1/2 dl mel og salt. Bland indtil du har en glat dej.

3. Ælt dejen på en let meldrysset overflade, indtil den er fast og elastisk, ca. 10 minutter, tilsæt mere mel, hvis det er nødvendigt for at lave en ikke-klæbrig dej. (Eller tilbered dejen i en kraftig røremaskine, foodprocessor eller brødmaskine, følg producentens anvisninger.)

4. Smør indersiden af en stor skål. Læg dejen i skålen, vend en gang for at dække toppen. Dæk med plastfolie og lad hæve et lunt, trækfrit sted, indtil det er dobbelt så stort, cirka 1 1/2 time.

5. Placer to stativer i midten af ovnen. Forvarm ovnen til 350°F. Drys to store bageplader med majsmel.

6. Ælt dejen kort for at fjerne luftbobler. Del dejen i 6 dele. Flad et stykke dej ud til en 5 x 4 x 1/4-tommer oval. Drys med ekstra mel for at undgå at klæbe. Hold den resterende dej tildækket.

7. Læg den korte ende af pastaen i en fettuccineskærer i en pastamaskine og skær pastaen i 1/4-tommers strimler. Vil du skære dejen til i hånden, så flad den ud på et skærebræt med

en kagerulle. Skær i 1/4-tommers strimler med en stor, tung kniv dyppet i mel.

8. Placer strimler 1/2 tomme fra hinanden på en af de forberedte bageplader. Gentag med den resterende dej. Bages i 20-25 minutter, eller indtil de er let gyldne, vend panderne halvvejs igennem.

9. Afkøl i panderne på rist. Opbevares i en lufttæt beholder i op til 1 måned.

fennikel ringe

Taralli al Finocchio

Giver 3 dusin ringe

Taralli er sprøde, ringformede brødstænger. De kan smages til blot med olivenolie eller knust rød peber, sort peber, oregano eller andre krydderurter og er populære i hele det sydlige Italien. Der er også søde taralli, der kan dyppes i vin eller kaffe. Taralli kan være en nikkel eller flere centimeter i størrelse, men altid sej og sprød. Jeg serverer dem gerne med vin og ost.

1 kuvert (2 1/2 spsk) aktiv tørgær eller 2 tsk instant gær

1/4 kop varmt vand (100°-110°F)

1 kop ubleget universalmel

1 kop semuljemel

1 spsk fennikelfrø

1 tsk salt

1/3 kop tør hvidvin

1 1/4 kop olivenolie

1. Drys gæren over vandet i et målebæger. Lad stå til gæren er cremet, cirka 2 minutter. Rør indtil gæren er opløst.

2. Bland de to mel, fennikel og salt i en stor skål. Tilsæt gærblandingen, vin og olie. Bland indtil en glat dej, cirka 2 minutter. Skrab dejen ud på en let meldrysset overflade og ælt til den er glat og elastisk på 10 minutter. Form dejen til en kugle.

3. Smør indersiden af en stor skål. Læg dejen i skålen, vend en gang for at dække toppen. Dæk til og lad hæve et lunt, trækfrit sted, indtil det fordobles i størrelse, cirka 1 time.

4. Del dejen i tredjedele, og del derefter hver tredje i halve for at lave 6 lige store dele. Dæk resten med en opadvendt skål, skær et stykke i 6 lige store stykker. Rul stykkerne ud til 4 tommer lange stykker. Form hver til en ring og luk enderne ved at klemme dem sammen. Gentag med den resterende dej.

5. Læg nogle fnugfrie viskestykker ud. Fyld en stor pande halvt med vand. Kog vandet op. Tilsæt dejringene en efter en. (Sæt ikke sammen.) Kog i 1 minut, eller indtil ringe stiger til

overfladen. Klip ringene ud med en hulske og læg dem på et køkkenrulle til afdrypning. Gentag med den resterende dej.

6. Placer to stativer i midten af ovnen. Forvarm ovnen til 350°F. Placer dejcirkler 1 tomme fra hinanden på 2 store, usmurte bageplader. Bages indtil gyldenbrune, cirka 45 minutter, vend panderne halvvejs. Sluk for ovnen og åbn lågen lidt. Lad ringene køle af i ovnen i 10 minutter.

7. Overfør ringene til kølestativer. Opbevares i en lufttæt beholder i op til 1 måned.

Mandel og sort peber ringe

Taralli med Mandorle

Giver 32 ringe

Når jeg er i Napoli, er et af mine første stop ved bageren for at hente en stor pose sprøde brødringe. De er lækrere end kringler eller andre snacks og er perfekte at gumle på før eller med et måltid. Napolitanerne laver dem med spæk, som giver dem en vidunderlig smag og smelte-i-mund-konsistens, men de er også fremragende med olivenolie. Disse holder godt og er gode at have i selskab med.

1 kuvert (21/2 spsk) aktiv tørgær eller 2 tsk instant gær

1 kop varmt vand (100°-110°F)

1/2 kop spæk, smeltet og afkølet, eller olivenolie

31/2 kop ubleget universalmel

2 teskefulde salt

2 tsk friskkværnet sort peber

1 kop finthakkede mandler

1. Drys gæren over vandet. Lad stå til gæren er cremet, cirka 2 minutter. Rør indtil gæren er opløst.

2. I en stor skål blandes mel, salt og peber. Tilsæt gærblandingen og fedtet. Bland indtil du har en glat dej. Rul dejen ud på en let meldrysset overflade og ælt til den er glat og elastisk i cirka 10 minutter. Ælt mandlerne.

3. Form dejen til en kugle. Dæk dejen med en opadvendt skål og lad den hæve et lunt sted, til den er fordoblet, cirka 1 time.

4. Placer 2 stativer i midten af ovnen. Forvarm ovnen til 350°F. Tryk ned på dejen for at fjerne luftbobler. Skær dejen i halve, og skær derefter hver halvdel i halve igen, derefter hver fjerdedel i to for at lave 8 lige store stykker. Dæk den resterende dej, del 1 stykke i 4 lige store dele. Rul hvert stykke til et 6-tommer reb. Sno hver tråd 3 gange, form derefter en ring og klem enderne sammen for at forsegle. Placer ringe 1 tomme fra hinanden på to smurte bageplader. Gentag med den resterende dej.

5. Bag ringene i 1 time eller indtil de er gyldenbrune og sprøde, vend panderne halvvejs. Sluk for varmen og lad ringene afkøle og tørre i ovnen i 1 time.

6. Tag den ud af ovnen og sæt den på en rist for at køle helt af. Opbevares i en lufttæt beholder i op til 1 måned.

hjemmelavet pizza

Pizza fra Casa

Giver 6-8 portioner

Besøger du et hus i det sydlige Italien, er det denne pizza, de serverer. Den er helt anderledes end den runde kage af pizzeria-typen.

En hjemmelavet pizza er cirka 3⁄4 centimeter tyk, når den bages i en stor pande. Da panden er olieret, bliver bunden sprød. I stedet for mozzarella bager vi den med blot et let drys revet ost, som ville være for sej, hvis pizzaen blev serveret ved stuetemperatur, som den plejer. Denne type pizza holder sig godt, når den genopvarmes.

Prøv denne kage med en pølse eller svampesauce og tilsæt mozzarella eller anden smeltet ost, hvis du planlægger at lave den, når den er bagt.

Crowd

1 kuvert (21⁄2 spsk) aktiv tørgær eller 2 tsk instant gær

11⁄4 kop varmt vand (100°-110°F)

Cirka 31/2 kop ubleget universalmel

2 teskefulde salt

2 spsk olivenolie

Supplement

1 opskrift (ca. 3 kopper)Pizzaiola sauce

11/2 kop friskrevet Pecorino Romano

Olivenolie

1.Tilberedning af dejen: Drys gæren med vand. Lad stå til gæren er cremet, cirka 2 minutter. Rør indtil gæren er opløst.

2.I en stor skål piskes 31/2 dl mel og salt sammen. Tilsæt gærblandingen og olivenolie. Bland med en træske til du får en jævn dej. Vend dejen ud på en let meldrysset overflade og ælt indtil glat og elastisk, tilsæt mere mel, hvis det er nødvendigt for at lave en fugtig, men ikke klistret dej, cirka 10 minutter. (Eller tilbered dejen i en kraftig røremaskine, foodprocessor eller brødmaskine, følg producentens anvisninger.)

3. Smør en stor skål let med olie. Læg dejen i skålen, vend en gang for at dække toppen. Dæk med plastikfilm. Læg et lunt, trækfrit sted og lad hæve til det dobbelte, cirka halvanden time.

4. Sæt en rist i midten af ovnen. Smør en 15 x 10 x 1-tommer gelémuffinform. Jævn dejen forsigtigt. Læg dejen i midten af gryden og stræk og glat så den passer. Dæk med plastfolie og lad hæve i cirka 45 minutter, eller indtil den er hævet og næsten fordoblet i størrelse.

5. Mens pastaen hæver i gryden, tilberedes saucen. Forvarm ovnen til 450°F. Brug fingerspidserne til at trykke fast i dejen for at lave fordybninger 1 tomme fra hinanden over hele overfladen. Fordel saucen over pastaen, og efterlad en 1/2-tommers kant rundt om. Bages i 20 minutter.

6. Drys med ost. Spray med olie. Sæt pizzaen tilbage i ovnen og bag i 5 minutter, eller indtil osten er smeltet og skorpen er gyldenbrun. Skær i firkanter og server lun eller ved stuetemperatur.

pizzadej i napolitansk stil

Gør nok til fire 9-tommer pizzaer

I Napoli, hvor pizzafremstilling er en kunstform, er den ideelle pizzadej sej og bare lidt sprød, fleksibel nok til at folde uden at revne. Napolitanske pizzaer er hverken tykke eller kageagtige eller tynde og sprøde.

At finde den rigtige balance med amerikansk mel kræver en kombination af blødt kagemel med lavt glutenindhold og hårdere universalmel med højt glutenindhold. For en sprødere skorpe skal du øge mængden af universalmel og reducere mængden af kagemel proportionalt. Brødmel med et højt glutenindhold ville gøre pizzaskorpen for hård.

Pizzadej kan blandes og æltes i en kraftig elektrisk røremaskine eller foodprocessor eller endda i en brødmaskine. For en rigtig pizzeria-tekstur, bag tærterne direkte på en bagesten eller på en uglaseret bageplade, som fås i køkkengrejsforretninger.

Denne opskrift rækker til fire pizzaer. I Napoli får alle deres egen pizza, men da det er svært at bage flere tærter på én gang i en hjemmeovn, skærer jeg hver tærte i skiver til servering.

1 tsk aktiv tørgær eller instant gær

1 kop varmt vand (100-110°F)

1 kop almindeligt kagemel (usyret)

Cirka 3 kopper ubleget universalmel

2 teskefulde salt

1. Drys gæren over vandet. Lad stå til gæren er cremet, cirka 2 minutter. Rør indtil gæren er opløst.

2. I en stor skål blandes de to mel og saltet. Tilsæt gærblandingen og bland indtil du har en jævn dej. Rul dejen ud på en let meldrysset overflade og ælt til den er glat og elastisk, tilsæt om nødvendigt mere mel for at lave en fugtig, men ikke klistret dej, cirka 10 minutter. (Eller tilbered dejen i en kraftig røremaskine, foodprocessor eller brødmaskine, følg producentens anvisninger.)

3. Form dejen til en kugle. Læg på en meldrysset overflade og dæk i en opadvendt skål. Lad den hæve i cirka halvanden time ved stuetemperatur eller til den fordobles i størrelse.

4. Dæk dejen til og fjern luftboblerne. Skær dejen i halve eller kvarte, alt efter hvor store pizzaerne er. Form hvert stykke til en kugle. Placer kuglerne et par centimeter fra hinanden på en meldrysset overflade og dæk med et håndklæde eller plastfolie. Lad hæve i 1 time eller indtil fordoblet størrelse.

5. Støv let arbejdsfladen med mel. Flad et stykke dej ud og rul ud til en 9- til 12-tommer cirkel, cirka 1/4-tommer tyk. Lad kanten af dejen være lidt tykkere.

6. Drys en pizzaskræl eller en bageplade uden kant rigeligt med mel. Læg forsigtigt dejcirklen på skallen. Ryst skallen for at forhindre, at dejen sætter sig fast. Hvis ja, hæv dejen og tilsæt mere mel til skorpen. Dejen er klar til at dække og bage efter din opskrift.

Mozzarella, tomat og basilikum pizza

Pizza Margherita

Laver fire 9-tommer pizzaer eller to 12-tommer pizzaer

Napolitanerne kalder denne klassiske pizza med mozzarella, naturlig tomatsauce og basilikum Margherita efter en smuk dronning, der nød pizzaen i det 19. århundrede.

1 opskriftNapolitansk pizzadej, som blev oprettet i trin 6

21/2 kopmarinara sauceved stuetemperatur

12 ounce frisk mozzarella, skåret i tynde skiver

friskrevet Parmigiano-Reggiano, valgfrit

Ekstra jomfru oliven olie

8 friske basilikumblade

1. Tilbered eventuelt pastaen og saucen. Derefter, 30-60 minutter før bagning, skal du placere en pizzasten eller uglaserede stenbrudsfliser eller bageplader på risten i det nederste niveau af ovnen. Tænd ovnen på høj: 500° eller 550°F.

2.Fordel en tynd sauce over pastaen, og efterlad en 1/2-tommers kant rundt om. Læg mozzarellaen ovenpå og drys eventuelt revet ost med.

3.Åbn ovnen og skub forsigtigt dejen ud af skallen ved at vippe den lidt mod bagsiden af stenen og forsigtigt vippe den frem og tilbage. Bag pizzaen i 6-7 minutter eller indtil sværen er sprød og gyldenbrun.

4.Læg på et skærebræt og dryp med lidt ekstra jomfru olivenolie. Skær 2 basilikumblade i tern og fordel ud over pizzaen. Skær i ringe og server straks. Lav flere pizzaer på samme måde med de øvrige ingredienser.

Variation:Læg frisk rucola og skåret prosciutto oven på den bagte pizza.

Tomat, hvidløg og oregano pizza

Pizza Marinara

Gør fire 9-tommer eller to 12-tommer pizzaer

Selvom der spises mange typer pizza i Napoli, klassificerer den officielle sammenslutning af napolitanske pizzamagere kun to typer pizza som autentiske, dvs. autentiske. Mozzarella, tomat og basilikum pizza, opkaldt efter en elsket dronning, er den ene, og den anden er pizza marinara, som trods sit navn (marinara betyder "fra sømanden") er lavet uden muslinger. Men hvis du bestiller denne pizza i Rom i stedet for Napoli, er der en god chance for, at du får ansjoser.

pizzadej i napolitansk stil, som blev oprettet i trin 6

2 1/2 kop marinara sauce ved stuetemperatur

1 dåse ansjos, drænet (valgfrit)

tørret oregano, smuldret

3 fed hvidløg, skåret i tynde skiver

Ekstra jomfru oliven olie

1. Tilbered eventuelt pastaen og saucen. Derefter, 30-60 minutter før bagning, læg en pizzasten, uglaserede stenbrudsfliser eller bageplade på risten i det nederste niveau af ovnen. Tænd ovnen på høj: 500° eller 550°F.

2. Fordel en tynd sauce over pastaen, og efterlad en 1/2-tommers kant rundt om. Læg ovenpå ansjoserne. Drys med oregano og drys hvidløg ovenpå.

3. Åbn ovnen og skub forsigtigt muslingedejen ud ved at vippe den mod bagsiden af stenen og forsigtigt vippe den frem og tilbage. Bag pizzaen i 6-7 minutter eller indtil sværen er sprød og gyldenbrun.

4. Læg på et skærebræt og dryp med lidt ekstra jomfru olivenolie. Skær i ringe og server straks. Brug de resterende ingredienser til at lave flere pizzaer.

Før bagning toppes denne pizza med tynde skiver pepperoni og et skvæt syltet peber.

Vilde svampe pizza

Pizza alla Boscaiola

Laver fire 9-tommer pizzaer

I Piemonte tog vinbønderne min mand og jeg med til et pizzeria åbnet af en mand fra Napoli. Han lavede os en pizza med to lokale ingredienser, Fontina Valle d'Aosta, en fløjlsblød komælksost og frisk porcini. Osten smeltede fint og komplementerede svampens træagtige smag. Selvom friske porcini-svampe er svære at få fat i i USA, kan denne pizza stadig laves godt med andre typer svampe.

pizzadej i napolitansk stil, som blev oprettet i trin 6

3 spiseskefulde ekstra jomfru olivenolie

1 fed hvidløg, skåret i tynde skiver

1 pund diverse svampe, såsom hvide, shiitake og østerssvampe (eller bare brug hvide svampe), trimmet og skåret i skiver

1 1/2 tsk hakket frisk timian eller en knivspids tørret timian, smuldret

Salt og friskkværnet sort peber

2 spsk hakket frisk persille

8 ounce Fontina Valle d'Aosta, Asiago eller mozzarella, skåret i tynde skiver

1. Tilbered eventuelt dejen. Derefter, 30-60 minutter før bagning, læg en pizzasten, uglaserede stenbrudsfliser eller bageplade på risten i det nederste niveau af ovnen. Tænd ovnen på høj: 500° eller 550°F.

2. I en stor gryde opvarmes olien med hvidløg ved middel varme. Tilsæt svampe, timian, salt og peber efter smag, og kog under jævnlig omrøring, indtil svampesaften fordamper, og svampene er brunede, cirka 15 minutter. Tilsæt persillen og tag den af varmen.

3. Fordel osteskiverne over dejen, og efterlad en 1-tommers kant rundt om. Læg svampen ovenpå.

4. Åbn ovnen og skub forsigtigt muslingedejen ud ved at vippe den på stenen og forsigtigt vippe den frem og tilbage. Bag pizzaen i 6-7 minutter eller indtil sværen er sprød og gyldenbrun. Dryp med lidt ekstra jomfru olivenolie.

5. Læg på et skærebræt og dryp med lidt ekstra jomfru olivenolie. Skær i ringe og server straks. Brug de resterende ingredienser til at lave flere pizzaer.

calzones

Giver 4 calzones

På gaderne i Spaccanapoli, den gamle del af Napoli, kan du være heldig at støde på en gadesælger, der laver calzonis. Ordet betyder "stor sok", en passende beskrivelse af denne fyldte tærte. En calzone laves af en omgang pizzadej foldet rundt om fyldet. Gadesælgere steger dem i varm olie i store gryder sat på bærbare komfurer. Pizzeriaer bager normalt calzoni.

1 kuvert (2 1/2 tsk) aktiv tørgær eller 2 tsk instant gær

1 1/3 kop varmt vand (100°-110°F)

Cirka 3 1/2 kop ubleget universalmel

2 teskefulde salt

2 spsk olivenolie, plus mere til at børste toppen

Indlæst

1 pund hel- eller letmælksricotta

8 ounce frisk mozzarella, strimlet

4 ounce prosciutto, salami eller skinke i tern

1/2 kop friskrevet Parmigiano-Reggiano

1. Drys gæren med vandet i en stor skål. Lad stå til gæren er cremet, cirka 2 minutter. Rør indtil gæren er opløst.

2. Tilsæt 3 1/2 dl mel, saltet og 2 spsk olivenolie. Bland med en træske til du får en jævn dej. Rul dejen ud på en let meldrysset overflade, tilsæt eventuelt mere mel og ælt til den er glat og elastisk inden for 10 minutter.

3. Smør en stor skål let med olie. Læg dejen i skålen, vend for at dække toppen. Dæk med plastikfilm. Stil et lunt, trækfrit sted og lad hæve til dobbelt størrelse, cirka 1 1/2 time.

4. Flad dejen ud med næven. Skær dejen i 4 dele. Form hvert stykke til en kugle. Placer kuglerne et par centimeter fra hinanden på en let meldrysset overflade. Dæk løst med plastfolie og lad hæve til dobbelt størrelse, cirka 1 time.

5. Bland imens fyldeingredienserne godt.

6. Placer to stativer i midten af ovnen. Forvarm ovnen til 425°F. Smør 2 store bageplader.

7. På en let meldrysset overflade skal du bruge en kagerulle til at rulle et stykke dej ud til en 9-tommer cirkel. Klem en fjerdedel af fyldet ind i midten af cirklen, og lad en 1/2-tommers kant forsegle. Fold dejen, så den omgiver fyldet, og tryk luften ud. Klem kanterne godt sammen for at forsegle. Fold derefter kanten om og luk igen. Læg calzonen på en af bagepladerne. Gentag med den resterende pasta og fyldet, og læg calzonien et par centimeter fra hinanden.

8. Lav en lille slids i toppen af hver calzone for at lade damp slippe ud. Pensl toppen med olivenolie.

9. Bages i 35-40 minutter, eller indtil de er sprøde og gyldne, roter panderne omkring halvvejs. Skub på en rist til afkøling i 5 minutter. Serveres varm.

Variation: Fyld calzonien med en blanding af ricotta, gedeost, hvidløg og basilikum, eller server calzonien toppet med tomatsauce.

Stegte ansjoser

Crispeddi di Alici

12 siden

Disse små ruller fyldt med ansjoser er en favorit i det sydlige Italien. Crispeddi er et calabrisk navn; Sicilianerne kalder dem fanfarichi eller blot pasta fritta, "stegt pasta". Min mands familie på Sicilien spiste det altid nytårsaften, mens andre familier spiser det i fasten.

1 kuvert (2 1/2 tsk) aktiv tørgær eller 2 tsk instant gær

1 1/3 kop varmt vand (100°-110°F)

Cirka 3 1/2 kop ubleget universalmel

2 teskefulde salt

1 (2 oz.) dåse ansjosfileter flade, drænede og tørrede

Cirka 4 ounce mozzarella, skåret i 1/2 tomme tykke strimler

Vegetabilsk olie til stegning

1. Drys gæren over vandet. Lad stå til gæren er cremet, cirka 2 minutter. Rør indtil gæren er opløst.

2. I en stor skål blandes 3 1/2 kop mel og saltet sammen. Tilsæt gærblandingen og bland indtil du har en jævn dej. Rul dejen ud på en let meldrysset overflade, tilsæt eventuelt mere mel og ælt til den er glat og elastisk inden for 10 minutter.

3. Smør en stor skål. Læg dejen i skålen, vend en gang for at dække toppen. Dæk med plastikfilm. Stil den et lunt, trækfrit sted og lad den hæve til den fordobles i størrelse, cirka 1 time.

4. Flad dejen ud for at fjerne luftbobler. Skær dejen i 12 dele. Læg 1 stykke på en let meldrysset overflade, dæk de andre stykker.

5. Rul dejen ud til en cirkel på cirka 5 cm i diameter. Læg et stykke ansjos og et stykke mozzarella i midten af cirklen. Løft dejens kanter og tryk dem sammen rundt om fyldet til en møntpunglignende spids. Lad os flade bjerget, presse luften ned. Klem sammen sømmen for at forsegle den tæt. Gentag med resten af ingredienserne.

6. Beklæd en bakke med køkkenrulle. Hæld nok olie i en stor, tung stegepande til at nå en dybde på 1/2 tomme. Varm olien

op ved middel varme. Tilføj et par ruller ad gangen, med sømsiden nedad. Flad bollerne ud med bagsiden af en spatel, indtil de er gyldenbrune, cirka 2 minutter på hver side. Afdryp på køkkenrulle. Drys med salt.

7. Bag de resterende ruller på samme måde. Lad den køle lidt af inden servering.

Bemærk: *Vær forsigtig, når du bider i det; indersiden forbliver meget varm, mens ydersiden køler ned.*

Tomat- og osteskud

Panzerotti Pugliese

Den tager 16 omgange

Dora Marzovillas specialitet fra Puglia er små empanadas, der ligner de tidligere ansjosfritter. Han laver dem hver dag på sin families restaurant, I Trulli, i New York. Disse kan laves med eller uden ansjoser.

1 pastaopskrift til stegning (fraStegte ansjoser)

3 blommetomater, udsået og hakket

Salt

4 ounce frisk mozzarella, skåret i 16 stykker

Vegetabilsk olie til stegning

1. Forbered dejen. Skær derefter tomaterne i halve og pres saft og kerner ud. Skær tomaterne i små stykker, krydr med salt og peber.

2. Skær dejen i kvarte. Skær hver fjerdedel i 4 stykker. Dæk den resterende dej og rul et stykke ud til en 4-tommer cirkel. Læg

1 tsk tomat og et stykke mozzarella på den ene side af cirklen. Fold den anden halvdel af dejen over fyldet for at få en halvmåneform. Tryk luften ud og pres kanterne sammen for at forsegle. Tryk kanterne fast med en gaffel.

3. Beklæd en bakke med køkkenrulle. I en tung stegepande eller frituregryde skal du opvarme mindst 1 tomme olie til 375 ° F på et frituretermometer, eller indtil et 1-tommers stykke brød bruner på 1 minut. Smid forsigtigt sconesene ned i den varme olie en ad gangen. Efterlad tilstrækkelig plads mellem dem, så de ikke rører ved. Vend bøfferne en eller to gange og steg indtil de er gyldenbrune, cirka 2 minutter på hver side.

4. Overfør scones til et køkkenrulle for at dryppe af. Drys med salt. Serveres varm.

   Bemærk: Vær forsigtig, når du bider i det; indersiden forbliver meget varm, mens ydersiden køler ned.

www.ingramcontent.com/pod-product-compliance
Lightning Source LLC
Chambersburg PA
CBHW071908110526
44591CB00011B/1594